a r u k i c h i

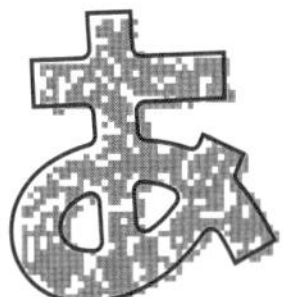

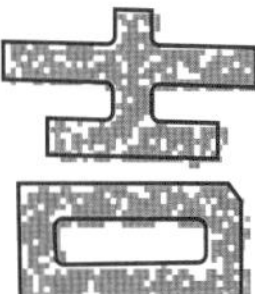

たった5分歩くだけ!
奇門遁甲開運法

アーロン千生（ちなり） 著

太玄社

1

本書の使い方

本書について

本書は、古代中国の占術「奇門遁甲」を「吉方位（きちほうい、きっぽうい）」として使う開運法「ある吉」をご紹介する本です。「あるいて吉方位に行く」で「ある吉」です。

吉方位というと九星気学がよく知られていますが、奇門遁甲はより難解かつ複雑な理論に基づいています（詳しくは、P.29「気学の吉方位と奇門遁甲の吉方位の違い」の項で述べます）。それを現代の日本人にとって使いやすい形によみがえらせたものが本書で紹介する開運法です。

その方法はとても簡単です。決まった時間に**吉方位に向かって5分歩き、5分滞在するだけ**です。

ただし、歩くだけで夢が叶う魔法のような方法というわけではありません。

吉方位へ行くことで、成功への道が拓き、その道へ続く扉が開きます。成功した世界へ突然ワープするわけではなく、その道を自分の足で歩いていくのです。

強運を持つ人は、実はごく一部。ほとんどの人は、標準的な運の持ち主です。

そもそも、運のよい人とそうではない人の違いはなんでしょうか？　大きな要素として、努力の結果が出やすいかどうかにあります。

運のよい人は努力をしなくてよいというわけではなく、努力

が実を結びやすいといえます。

反対に、運のあまりよくない人は努力が長続きしなかったり、結果が出る前にあきらめてしまったり、努力の方向を間違えていたりします。

努力にも「センス」が必要です。

努力を継続できるならそれはそれで立派な才能ですが、同じだけ努力をしても運が悪い人はなかなか成果が出ません。見当違いな努力や、回り道、効率の悪い方法を選んでいたりすることは、努力のセンスがないといえます。

努力のセンスを養いつつ、「結果が出やすい努力」を、効果を感じながら長く続けられるようになる。それが**「ある吉」がもたらす開運**なのです。

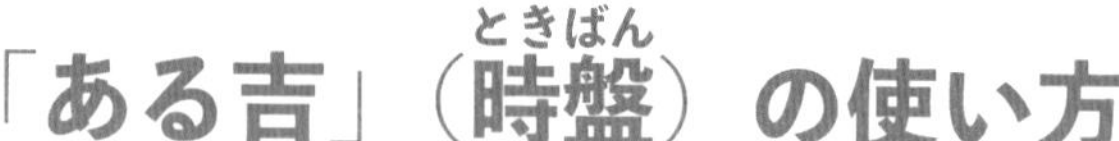

「ある吉」（時盤〈ときばん〉）の使い方

基本のルールは以下のとおりです。

その時居る地点から、指定の時間に、吉方位の方向に500 m以上・5分以上歩き、5分以上滞在します。これだけです。

あとはどの方角に行っていただいても構いません。

本書を使った吉方位の調べ方

P.33から始まる表の見方をご説明します。

中央の八角形を囲む台形はそれぞれ次のように方角を表しています。

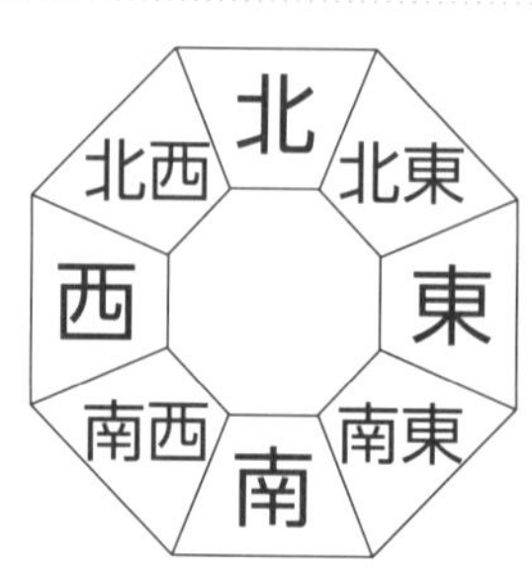

以下の表に従って、ご自身の希望に近い効果を選びます。

効果	効果・高	効果・中	効果・低
ランク	☆☆☆	☆☆	☆
金運			
仕事			
恋愛(健康)			
能力			

✕ ：凶方位　できるだけ行かないほうが無難
：要注意時間　普段の生活に支障はないが、新しいことを始めたり、イベントなどを行うことはできるだけ避ける
告知マーク：P.9「告知マ－クの使い方」参照

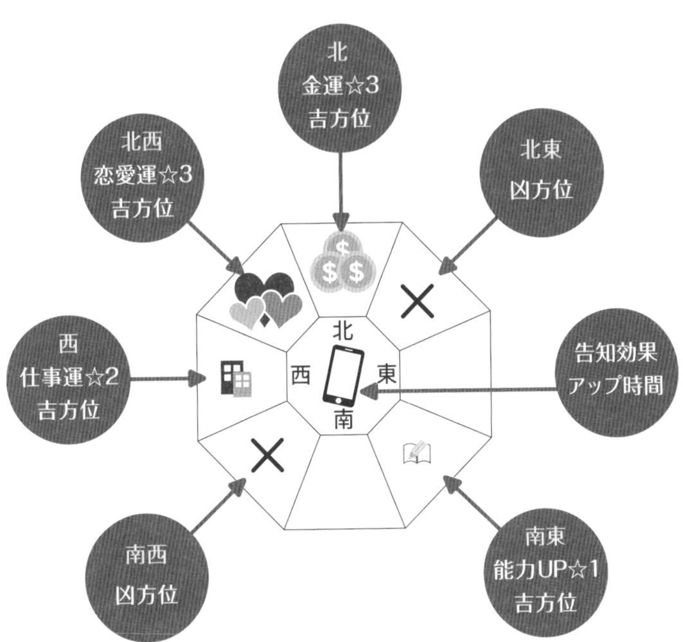

本書の使い方

例：P34 の 1 月 5 日～ 7 日吉方位を調べた場合

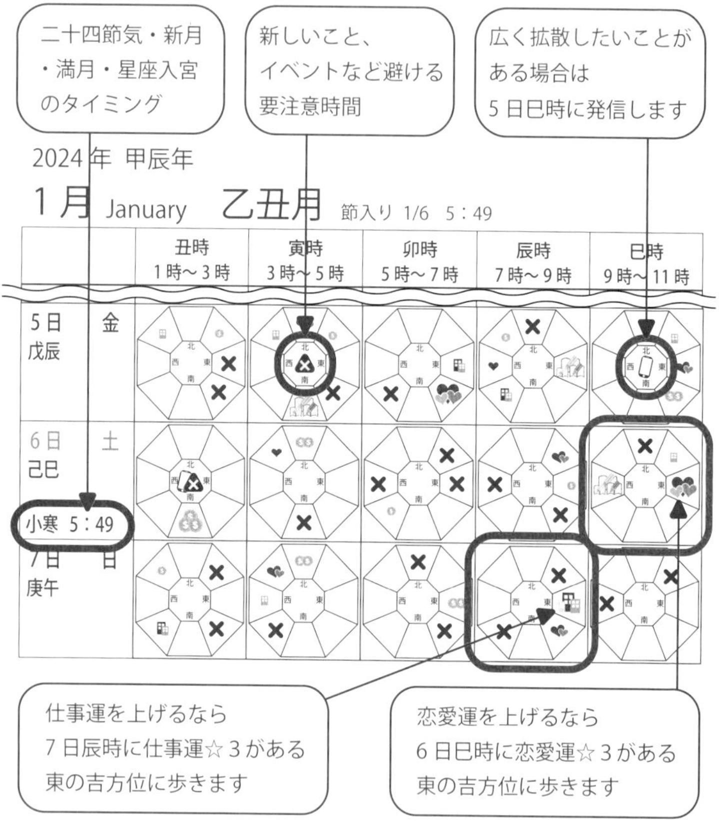

二十四節気・新月・満月・星座入宮のタイミング

新しいこと、イベントなど避ける要注意時間

広く拡散したいことがある場合は5 日巳時に発信します

2024 年　甲辰年

1 月　January　乙丑月　節入り 1/6　5：49

	丑時 1 時～ 3 時	寅時 3 時～ 5 時	卯時 5 時～ 7 時	辰時 7 時～ 9 時	巳時 9 時～ 11 時
5 日　金 戊辰					
6 日　土 己巳 小寒 5：49					
7 日　日 庚午					

仕事運を上げるなら7 日辰時に仕事運☆ 3 がある東の吉方位に歩きます

恋愛運を上げるなら6 日巳時に恋愛運☆ 3 がある東の吉方位に歩きます

ポイントは、基本的に、、、の、ランクが☆ 3 の吉方位を使用することです。☆ 2、☆ 1 とランクが下がると、効果が薄くなっていきます。

P.34 の表を見てみましょう。1 月 6 日の巳時に恋愛運☆ 3 の吉方位が東にあります。この吉方位に「ある吉」する場合、

中心時を使うと効果が高いので（P.15 参照）、午前 10 時前後に東に向かって 500m 以上・5 分以上歩きます。

仕事運を良くしたいのであれば、仕事運☆ 3 の吉方位が、7 日辰時（午前 8 時前後）に東にあります。この吉方位に 500m 以上・5 分以上歩きます。

スタート地点はどこか？

吉方位へ歩き始める場所、つまりスタート地点となるのは、自宅、会社、遊びに行った先など、一定期間（最低 30 分以上）滞在した場所を指します。

徒歩以外で吉方位に行く場合

徒歩以外に、自転車や車や電車で吉方位に行っても構いません。その場合は、5 分以上運転または乗車し、目的地に到着したら車や自転車から降りて、その地に足をつけ、5 分以上滞在します。

告知マークの使い方

スマートフォンのマークは、「告知」を表します。

この時間に、**SNS に投稿したり、ホームページを更新したりすると「拡散しやすい」**ことを示しています。

セールスの告知や、サービスの募集開始、大勢の人に広めたい投稿などをこの時間に発信すると効果的です。☆ 3 マーク（どれでも OK）がある時間に行うとより効果が高くなります（告知マークに方位は関係ありません）。

時間はやはり中心時を取ります。例えば、酉時（17 時～19 時）であれば、18 時前後に告知を行います。

本書の使い方

要注意時間と告知時間が重なった場合

このマークは要注意時間と告知時間が重なっています。日常のSNSなどの更新には問題ありませんが、新しいイベント・新しい商品などの告知は避けるといいでしょう。

※『ある吉』では、土用の期間でも問題なく利用できます。

真北（しんぽく）の地図を使う

「ある吉」では「真北（しんぽく）」を使います。

真北とは､地図の縦線（子午線）が指す上を北とすることで、磁石の示す北「磁北（じほく）」と多少のずれがあります。このずれを偏角（へんかく）といいますが、「ある吉」は偏角を使いません。

難しい考え方は必要なく、地図の上が北、と考えていただければ問題ありません。

45度ごとに区切った方位の中心を目指す

東・西・南・北・北東・北西・南東・南西と45度ごとに分割した方位を使用します。各方位の中心に向かって歩くほど効果が高くなります。隣の方位との境界に近づくと、効果が薄れます。例えば、北東に行く場合は、できるだけ北東の中心を目指します。北や東方向に近づくほど効果が出づらくなります。

その時、吉方位の中心近くに目的地を定めて歩くと方向がブレにくくなります。

吉方位に向かってスマートフォンの地図アプリを見ながら歩こうとしても、知らず知らずのうちに方位がずれてしまうことが多いものです。

あらかじめ、吉方位にある公園やお店に場所を定めてから歩き始めることをおすすめします。

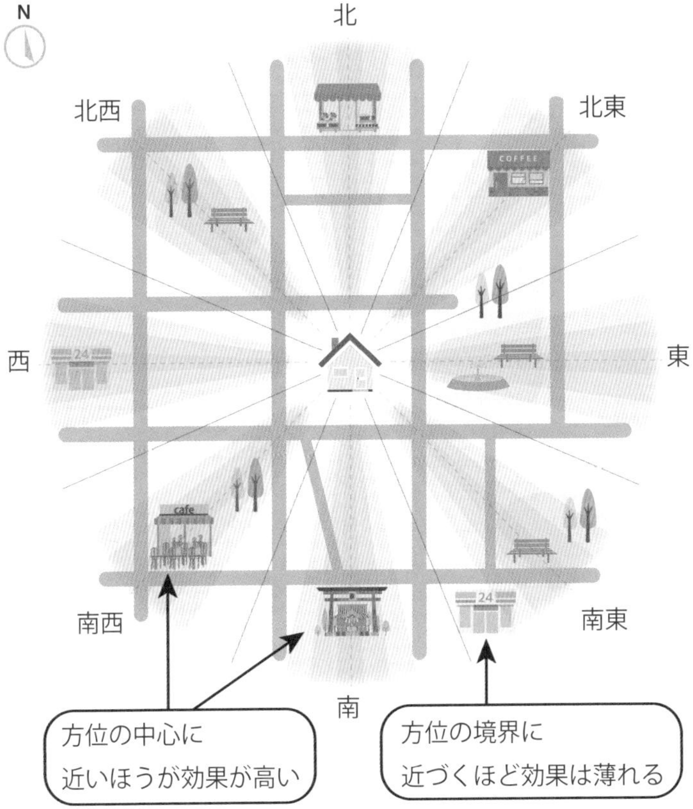
N
北
北西
北東
COFFEE
西
東
cafe
24
24
南西
南東
南
方位の中心に
近いほうが効果が高い
方位の境界に
近づくほど効果は薄れる

各方位すべて45度

あらかじめ目的地を
定めてから歩き始め
るのがコツです

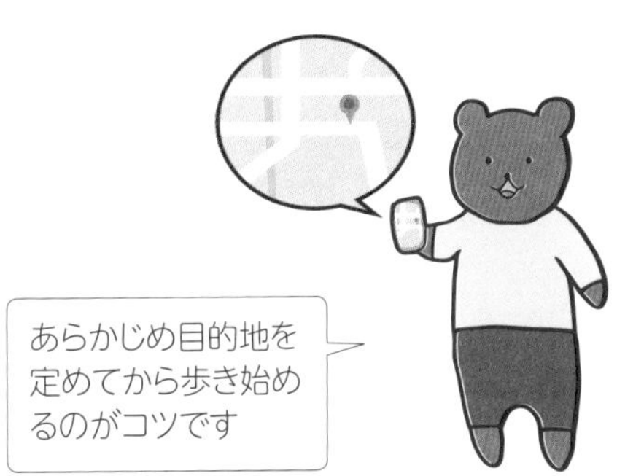

方位を調べるにはアプリが便利

方位を調べるには、スマートフォンの無料アプリ『あちこち吉方位マップ』（販売元：Masayuki Suda）が便利です。

方位角度や偏角（真北と磁北のずれ）も設定できます。

このアプリを使用する場合は、以下のように設定してから使ってください。

方位線の種類：風水　45/45

偏角：「設定しない」を選択

歩き始める場所（P.9、P.11 参照）を中心に設定して、吉方位の方位の角度内・方位の中心付近に目的地を設定してください。

時間は自然時を使う

時間は「自然時」を使用します。自然時とは、今いる場所から見た太陽の位置によって決まる時間のことです。

日本国内であっても、都道府県の経度によって自然時は多少異なります。自然時は、通常の時計で見る時間「標準時」からの計算で求めることができます。

日本の標準時は、東経 135 度を通る兵庫県明石市の自然時を採用しているため、ここより東であれば経度１度ごとにプラス４分、西であれば経度１度ごとにマイナス４分となります。

標準時12：00の時の代表的な都市の自然時

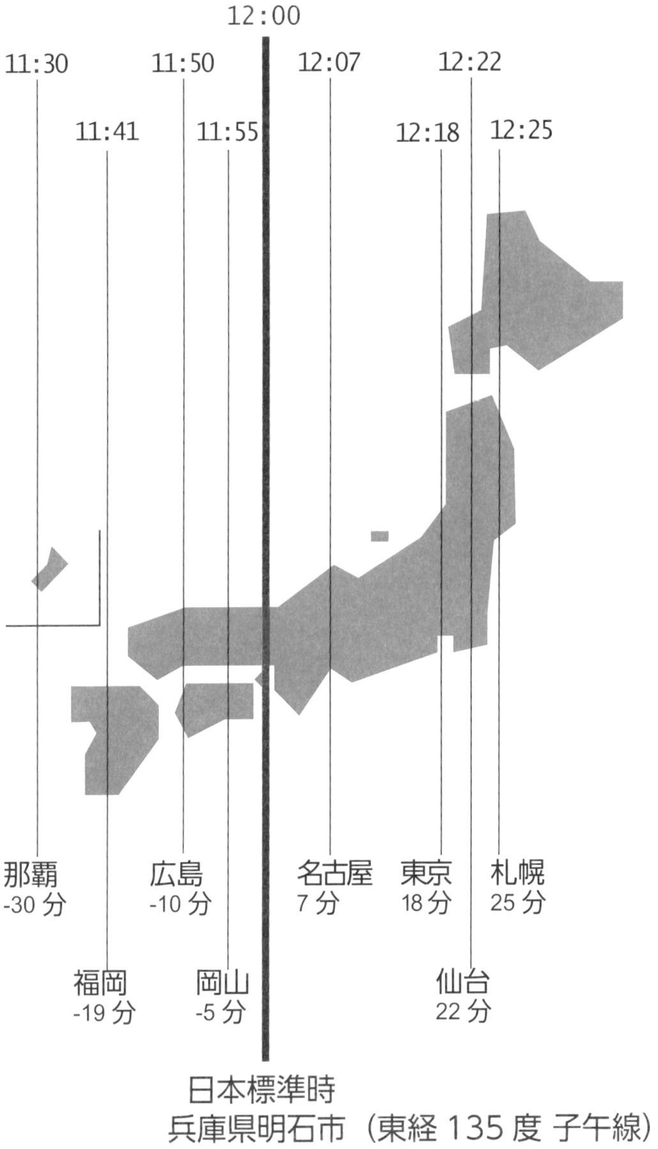

12:00

11:30
那覇
-30 分

11:41
福岡
-19 分

11:50
広島
-10 分

11:55
岡山
-5 分

12:07
名古屋
7 分

12:18
東京
18 分

12:22
仙台
22 分

12:25
札幌
25 分

日本標準時
兵庫県明石市（東経 135 度 子午線）

日本の主要都市の標準時との時差は、以下の表を参考にしてください。

全国主要都市の標準時との時差

都市	時差	自然時の午時	中心時(正午)
札幌	+25分	10：35～12：35	11：35
秋田	+20分	10：40～12：40	11：40
仙台	+22分	10：38～12：38	11：38
宇都宮	+18分	10：42～12：42	11：42
東京	+18分	10：42～12：42	11：42
新潟	+15分	10：45～12：45	11：45
長野	+12分	10：48～12：48	11：48
静岡	+12分	10：48～12：48	11：48
名古屋	+7分	10：53～12：53	11：53
金沢	+5分	10：55～12：55	11：55
奈良	+2分	10：58～12：58	11：58
大阪	+1分	10：59～12：59	11：59
高知	-6分	11：06～13：06	12：06
岡山	-5分	11：05～13：05	12：05
広島	-10分	11：10～13：10	12：10
山口	-16分	11：16～13：16	12：16
福岡	-19分	11：19～13：19	12：19
鹿児島	-19分	11：19～13：19	12：19
長崎	-22分	11：22～13：22	12：22
那覇	-30分	11：30～13：30	12：30

例えば、現在の日本標準時（東経 135 度子午線の時）が 12 時 00 分であれば、東京は時差が +18 分で時間が早く来るため自然時は 12 時 18 分となり、福岡は時差が -19 分で時間が

遅く来るため自然時は 11 時 41 分となります。

また東京の自然時 12 時 00 分は、18 分早く時が来るため日本標準時の 11 時 42 分となり、福岡の自然時 12 時 00 分は、19 分遅いため 12 時 19 分となります。

中心時を使う

さらにできるだけ「中心時」に近い時間を取っていただくことがおすすめです。奇門遁甲の吉方位一覧は、11 時～ 13 時のように 2 時間刻みで記してありますので、この中心の時間、つまり 12 時が中心時となります。

中心時間に近ければ近いほど効果が高くなり、外れるほど薄くなります。

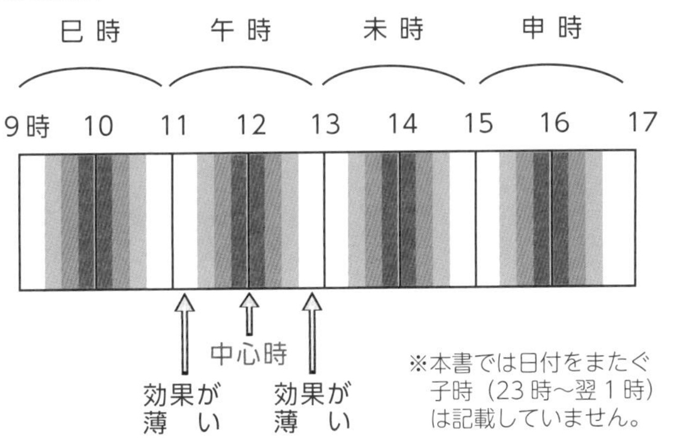

※本書では日付をまたぐ子時（23 時～翌 1 時）は記載していません。

中心時間から外れれば外れるほど効果は薄くなります

お出かけ前の「ある吉」の活用法

　自宅からお出かけする場合、目的方向が凶方位なら、いったん吉方位に「ある吉」500m 以上・5 分以上歩き、5 分滞在した後に目的地に向かいます。

家からある吉

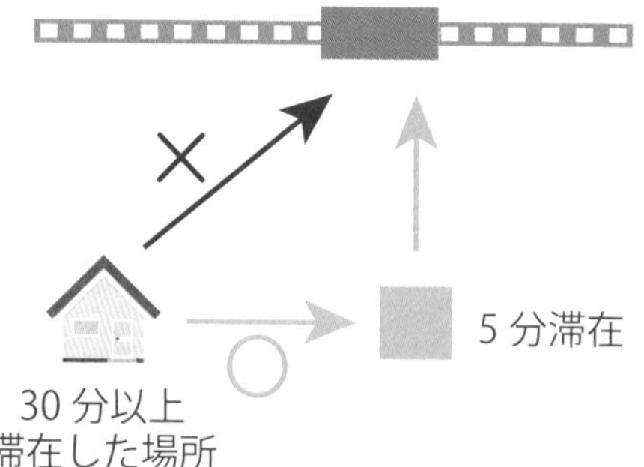

他の吉方位との併用

「たび吉」(P.141 〜) の吉方位や、気学など他の方位術の吉方位と併用することで、より効果が高まります。

　旅行に行く前に、「ある吉」の吉方位の方向に 500m 以上もしくは 5 分以上進み、5 分滞在した後に吉方位旅行に行くと、吉を重ねることができます。

　お仕事での出張や団体旅行など、自ら日程と方位を決められない旅行などで凶方位だった場合は、出発前に「ある吉」の☆3 吉方位に行き、その後旅行に出発すれば、凶作用が軽減されます。

スタート地点を自由に選ぶ

「ある吉」は、30分以上滞在した場所からなら、どこでもスタート地点となりますので、自宅からだけではなく、自由にスタート地点を選ぶことができます。

　さらに到着後に「ある吉」の吉方位に行って吉を重ねるとよいでしょう。

出先からある吉

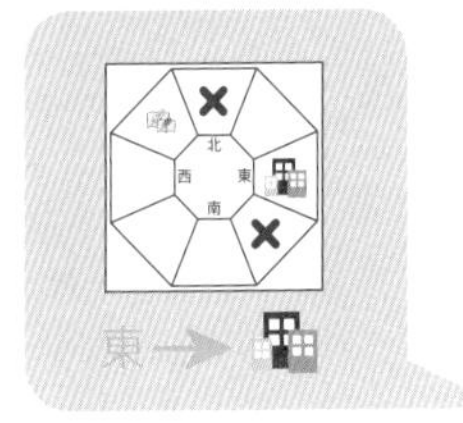

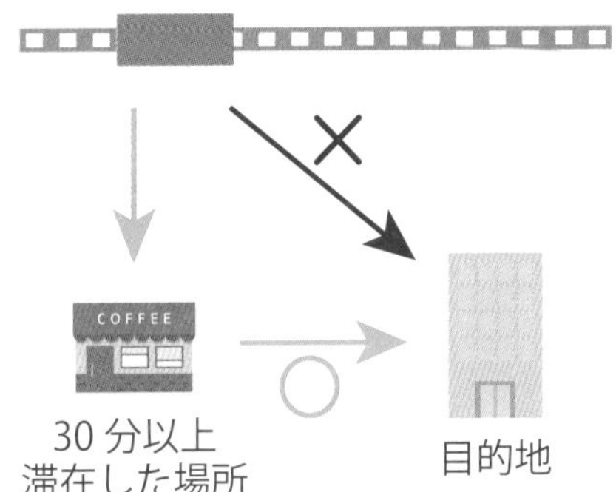

海外での「ある吉」の活用法

　日本と同じように、海外でも自然時を使います。

　現地の時間で出発すれば、日本国内だけでなく世界各国どこでも「ある吉」「たび吉」を使うことができます。

「ある吉」の拭き掃除開運法「ふき吉」

お仕事などで、その場を離れられないといった場合や、深夜で外出することができないといった場合、とっておきの活用法があります。それは床の拭き掃除**「ふき吉」**です。

「ある吉」の吉方位を拭き掃除すれば、歩いて吉方位に行くのと同等の効果を得ることができます。やり方は、まず「ある吉」の吉方位を確認し、自宅や仕事場のその方角の場所を、水で濡らした布などで拭き掃除するだけです。

パワーストーンや風水グッズなど、運気を上げるためのものを浄化したり綺麗にするのも、それらを置いている場所の方位が☆３吉方位の時に行うとよいです。

※家の中心から八方位を割り出し、☆３の方位を「ふき吉」してください。特に玄関を「ふき吉」すると効果が高いです。

より効果を高めるなら

「ある吉」の直前に、**自分の願望が実現した時をイメージすると効果がより高く**なります。

また、吉方位に行っても効果がないと悲観するのではなく、行ったら忘れるくらいの気楽さが開運の鍵です。

「何がなんでも吉方位に行かなきゃ！」と意気込むより、空いた時間に行ってみようかな、というスタンスのほうが合っています。なぜなら、現実での努力を実りやすくする方法なのに、吉方位に行くことが目的になり、行動が制限されてしまっては本末転倒だからです。

新月のアファメーション

「ある吉」の表に、新月のタイミングを掲載しています。

アファメーションとは、宣言・断言・確言・肯定をすること。

これから満ちていく新月にアファメーションを行うことで、自分が望む未来が実現しやすくなります。

やり方は、新月のタイミングの直後から 24 時間以内に、できるだけ具体的に、願望が叶った状態を現在進行形で 5 ～ 10 個くらい紙に書きます。

特定の人物や物を指定すると、願いが固定されてしまい、手に入るはずの素晴らしいものが弾かれてしまうので避けましょう。

書いた紙は燃やしてください。火を使えない場合は普通にゴミとして捨てても大丈夫です。

※新月の他に、二十四節気・太陽の星座入宮・満月のタイミングも掲載しています。

「ある吉」&「たび吉」引っ越し活用法

引っ越しは、開運の力が大きいといわれています。移転先の風水が良いことはもちろんですが、引っ越しする家の方角の吉方位、吉時間を選ぶことで大いに吉作用を誘発します。

奇門遁甲は住居移転の吉方位を算出することも得意としています。奇門遁甲から２時間ごとに吉方位を算出する「ある吉」は、圧倒的に吉方位が多く、また生まれ年が違っても吉方位は同じなので、家族揃っての入宅時間を選びやすいといった特徴があります（日本発祥の九星気学などで移転する場合は、旧宅から新居の方角が吉方位であること、年単位・月単位から吉方位を出しますが、住人の生まれ年によって吉方位が変わります）。

「ある吉」を使った住居移転吉方位算出方法

中国由来の奇門遁甲は、『座の方角』が吉の時間に合わせて入居します。『座の方角』を調べるには、座向の方位を調べます。座向とは、家の向きの方位のことです。

下の図をご覧ください。玄関のドアから出ていく方向を『**向**』、玄関のドアから入ってくる方向を『**座**』といいます。

座向の方位はドアから垂直（90°）に伸びた方角です。ドアが斜めの場合も同様にドアから垂直方向が座向の方角です。

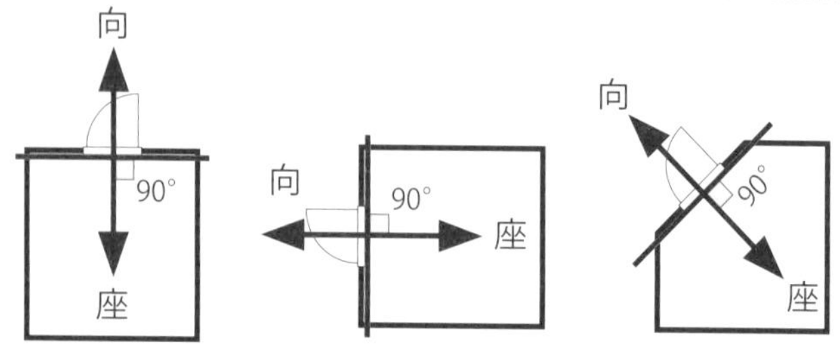

座向一覧表

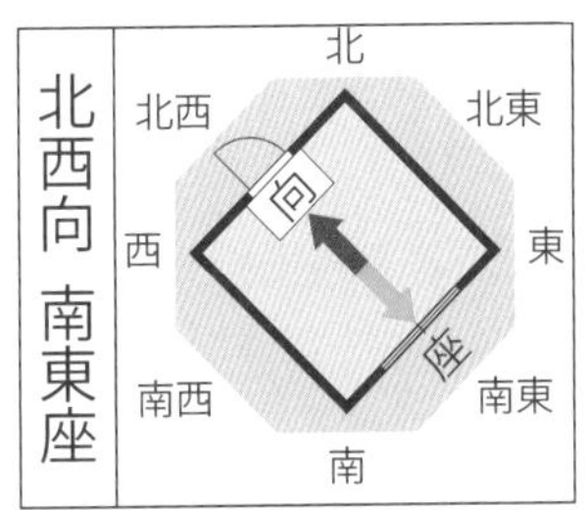

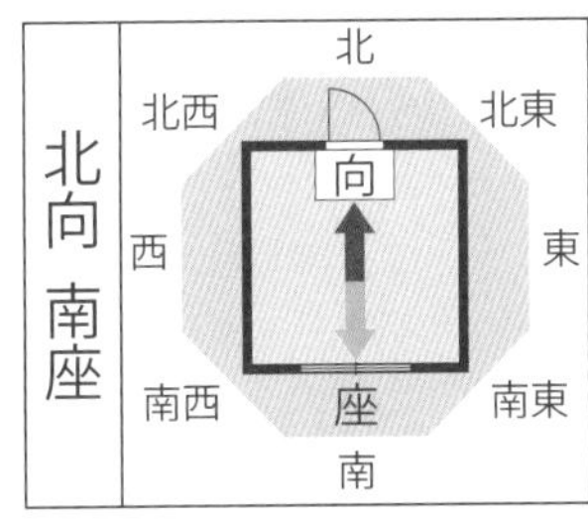

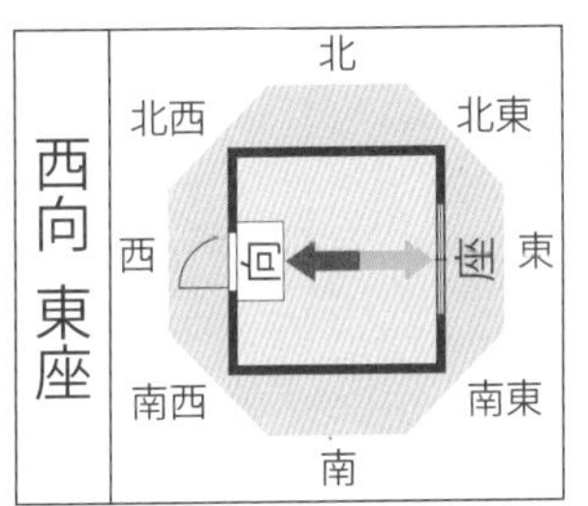

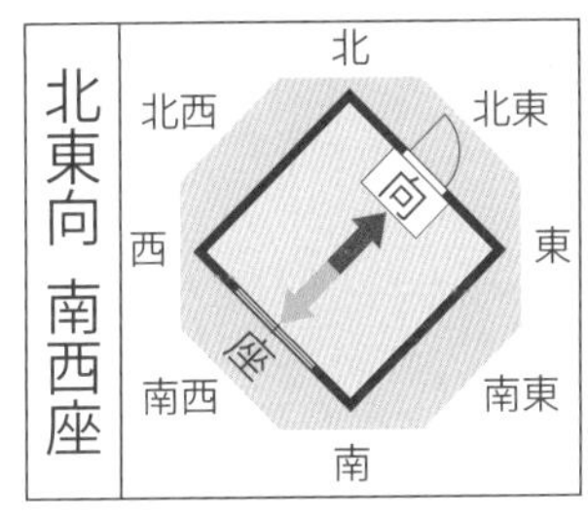

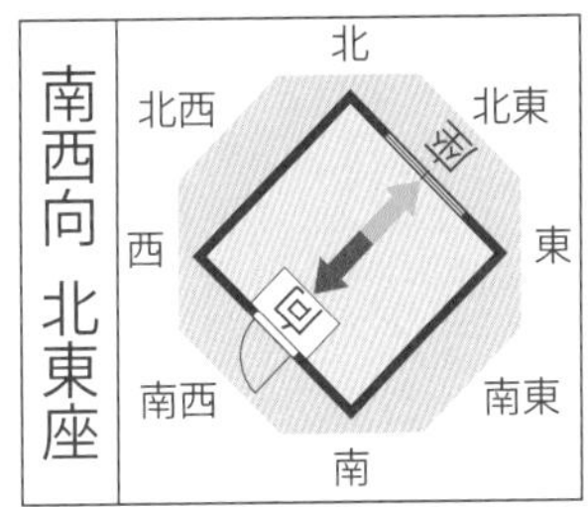

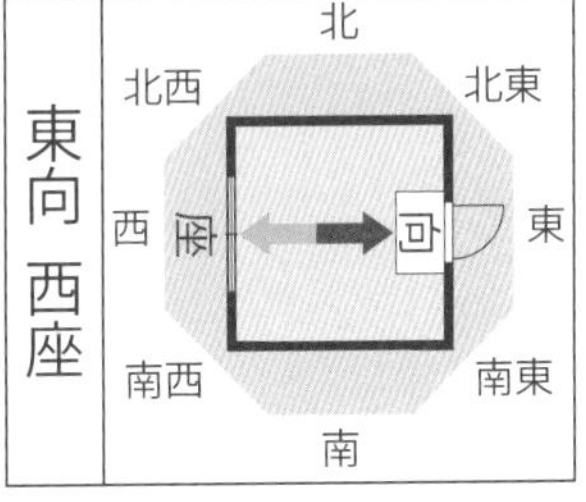

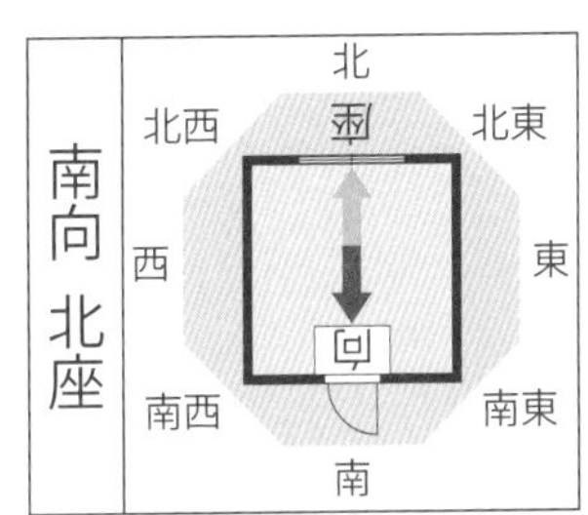

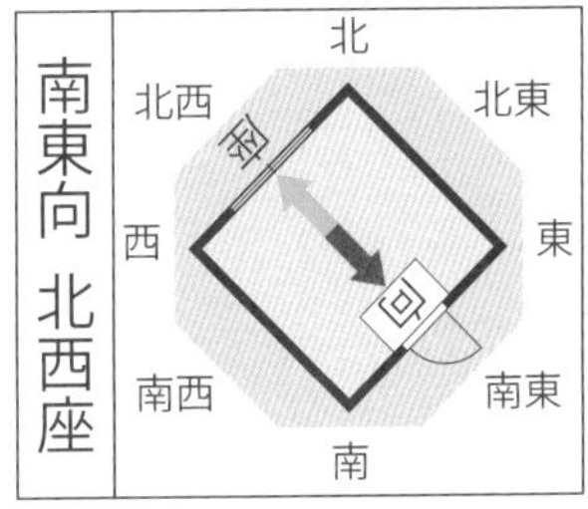

※座向の方位は、方位磁石で測ってください。

座向の方角がわかれば、座の方角が「ある吉」☆3仕事運、恋愛運、金運の時間を選んで、その時間内に入居してください。能力UPは使いません。

☆3の時間内に新居に入ることが重要です

玄関の方角	座の方角
東	西
南東	北西
南	北
南西	北東
西	東
北西	南東
北	南
北東	南西

吉方位は重ねるとより吉効果が増しますので、**旧宅から新居の方角**が「たび吉」の☆3（どれでもOK）の日を選びましょう（☆3がなければ☆2を選んでください）。

「たび吉」で新居へ☆3方角、「ある吉」で新居の座向が☆3方角とダブルで吉方位を重ね、新居に入り「ふき吉」してさらに吉を重ねましょう！

「たび吉」（日盤）の使い方

P.141 からは「たび吉」（日盤）になります。「ある吉」だけでも十分効果がありますが、遠方に行く場合は「たび吉」を使用することで、さらに高い効果を得られます。

「たび吉」は、50 ｋｍ以上、１時間以上の移動を行います。そして、目的地で４時間以上滞在します。できれば目的地で１泊以上することをおすすめします。

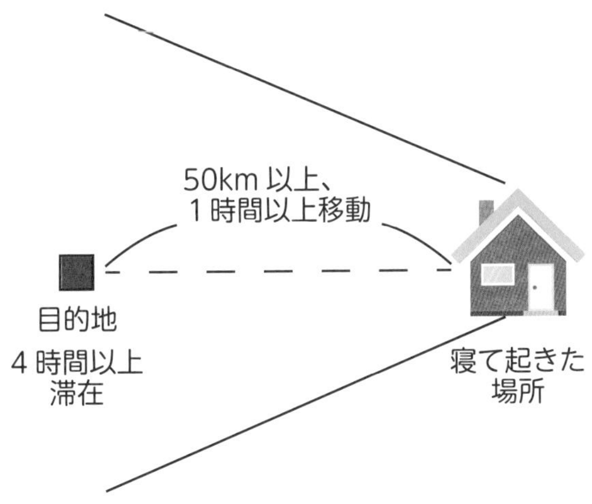

「たび吉」のスタートについて

自宅など、寝て起きた場所をスタート地点に、吉方位に移動します。旅先などで吉方位を使う場合には、旅館やホテルがスタート地点となります。

出発地点の日時（自然時）で出発してください。

「たび吉」の表は、「ある吉」の見方とほぼ一緒ですが、「たび吉」は中央に日にちが入ってます（要注意時間や告知はありません)。「たび吉」も☆３（どれでもOK）の吉方位を使うことをおすすめします。

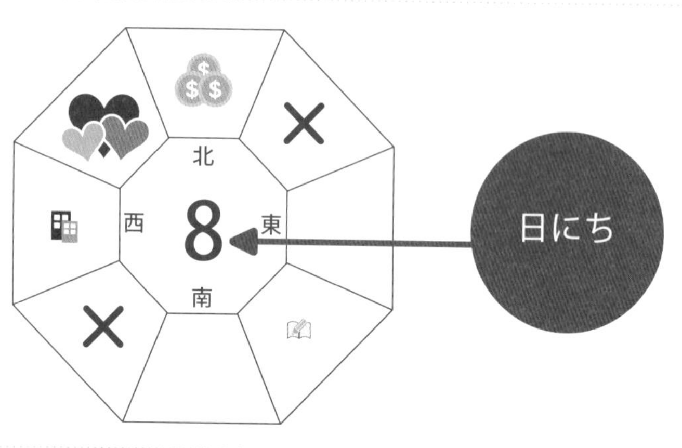

効果的な「たび吉」の使い方

旅行した時は、その土地で採れた特産品を食べると、吉方位の効果が高まります。その場で食べられない時は、持って帰って食べてもよいです。

宿泊する場合、日をまたぐ前の23時前（子時）に就寝するとより効果が高くなります。

寝られなくても床に入っておくとよいでしょう。

奇門遁甲とは

奇門遁甲は、古代中国で主に兵術として使用していたとされています。一説では周の軍師の太公望、漢の軍師の張良、三国志でも知られる蜀の軍師の諸葛孔明らが、戦で奇門遁甲を利用していたと伝えられています。

中国皇帝に仕える軍師の必須術のひとつとされていたため、“帝王の術”ともいわれています。

中国で古代に起こった有名な思想のひとつである「三才」すなわち天・人・地の３つの概念は、戦略にも生かされていました。

そのうちの「地」の分野（土地を推測する）で最高レベルと認識されていたのが奇門遁甲です。

戦を勝ち抜く奇門遁甲術は、現代では良い結果をもたらす土地の方角を「吉方位」として形を変え、「地」つまり方角を利用した開運法として知られるようになりました。

奇門遁甲は簡単なのになぜ効くのか？

そもそも、どのような場面で奇門遁甲が使われていたのでしょうか。

日本では城というとお城の建物そのものを指しますが、中国の城は塀で囲まれた町全体を指しました。また、城を囲む塀を城郭（城廓）と呼びます。

古代中国の平均的な城では、城の中心から各門までの距離がだいたい 500 m ～ 1 km でした。吉方位への移動距離の約 500 m 以上というのは、この距離に由来しています。

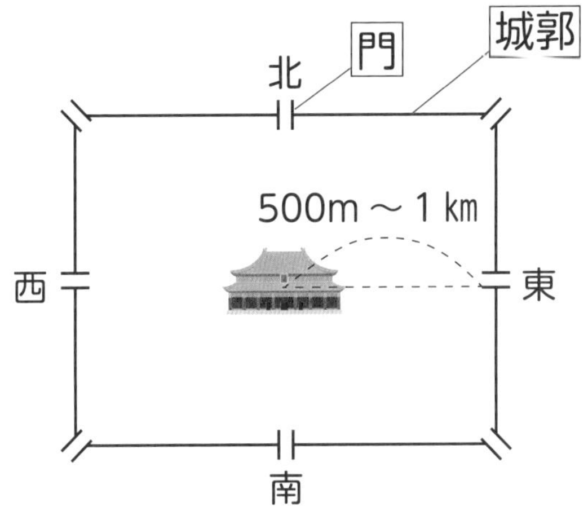

奇門遁甲を使う「ある吉」は１回最短 10 分程度と短い時間でも効果が出やすいのが特長です。

奇門遁甲が主に使われていた戦場では、今、まさに敵が来ているのに、何時間もかかるような儀式を行っている時間などありません。

どの門を守ったらよいか、どの門から逃げれば生き延びることができるか、また逆に今どこの門を攻めれば敵の城を落としやすいか、どんな手段を使えばよいかを、その時に判断し行動に移す必要がありました。

そうやって培われてきた術なので、短時間かつ簡潔、即効果が出る方法として信頼されているのです。

本書で使う奇門遁甲

奇門遁甲には数多くの流派が存在します。奇門遁甲は「遁甲盤」というものを作成する必要がありますが、その遁甲盤を作る方法である作盤法や、作盤に必要な局数の出し方も流派によって違います。

本書では、明代・清代の奇門遁甲書に基づいた中国で主流の作盤法で作成した遁甲盤を使用しています。中国主流の奇門遁甲盤を、中国の奇門遁甲解釈で詳細に読み解き、現代の日本文化に合わせて算出した吉方位です。

（日本の奇門遁甲は立向盤、座山盤と２種類の盤を使い分ける流派［透派］が主流となっていますが、その使用法は日本と台湾の一部でしか使われていません）

また、吉方位といえば透派奇門遁甲や気学などでも１日一盤の「日盤」を使用することが多いですが、本来の奇門遁甲は１日を十二分割した２時間一盤の「時盤」をメインに使用します。それにより本来の奇門遁甲の効果を発揮しやすくなるばかりでなく、簡単で使いやすい吉方位開運法となりました。

※本書でも、旅行などに使える日盤を「たび吉」として掲載しています。

ただし、気学や他の流派より本書の方法が正しいとか、より優れていると主張するものではありません。ご自身に合った、効果が出やすいと感じる方法を実践していただくのが一番です。

気学の吉方位と奇門遁甲の吉方位の違い

方位術としては、九星気学がよく知られています。大きな理由のひとつとして、作盤が比較的簡単で、吉方位をすぐに割り出せることが挙げられます。

一方奇門遁甲は、奇門遁甲盤を作る必要があり、吉方位を割り出すことが非常に複雑で難解です。また、兵術として使用さ

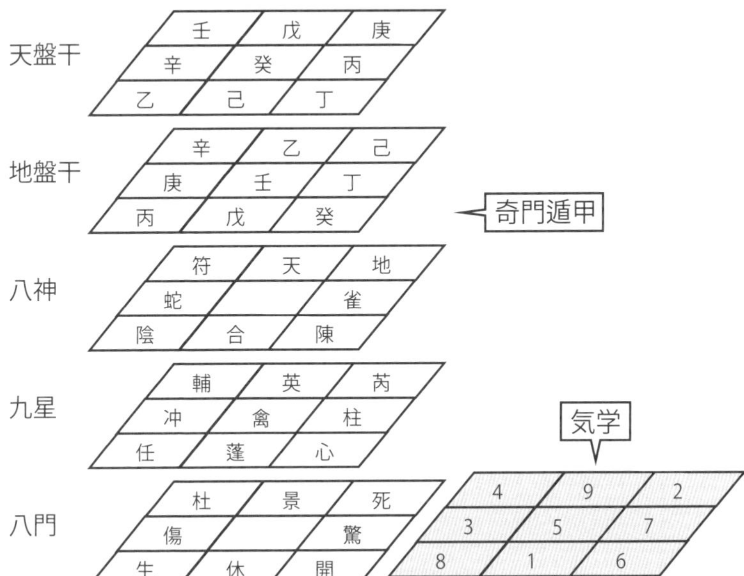

れてきたため、秘術として扱われていた経緯から、効果が高いにもかかわらず、世間ではあまり認知されていません。

P.29の図のように、九星気学は数字の盤を1つだけ使うのに対して、奇門遁甲は5つの盤を使用するのです。

もちろん本書をお読みいただいている方は、難解で複雑な部分をご理解いただく必要はありません。表を見るだけで、奇門遁甲を初めて知った方でもすぐに使っていただけます。

九星気学は、主に個人の生まれた年を基準にして方角の吉凶を見ていきます。例えば、2017年に生まれたら一白水星、2018年に生まれたら九紫火星となります。

そして、一白水星なら今日は北東が吉でも、九紫火星なら凶方位……といった見方をします。生まれ年が違えば方角の吉凶も変わるため、生まれ年の違う家族や友人との吉方位取りをしにくいのです。

一方、奇門遁甲は生まれ年に関係なくみんな同じ吉方位なので、家族や友人と一緒に吉方位に行くことができます。さらに、仕事運アップ、恋愛運アップといった、目的に合わせて吉方位を使い分けられることに特長があります。

また、九星気学は「最低でも20km以上移動し、数時間滞在、あるいは1泊以上する」のように、吉意が出る距離や滞在時間が長いため、日常的に使うにはある程度の時間的余裕が必要です。

しかし奇門遁甲を使った「ある吉」なら最低10分と短時間なので、あまり時間に余裕のない方でも使いやすい開運法なのです。

「ある吉」で開運するコツ

この開運法は、歩くだけで願いが叶うような魔法の方法ではありません。

行動することで成功のビジョンを描きやすくし、その方向に迷いなく進むための方法です。

事業で成功したい、よい恋愛や結婚をしたい、金運アップしたい……など、叶えたいことがあるなら、それが叶った時の自分を具体的にイメージしましょう。

そのイメージを持ちながら、吉方位へと歩きます。「叶った世界」に行くヒントが吉方位にあります。ひらめき、勘が冴え、成功に至るヒントが浮かびやすくなるのです。すると、成功へのプロセスが潜在意識に入ります。

人である以上、行動を起こすには感情が重要です。

うまくいかないのではないか、と思いながら行動を起こすのは難しいものです。

吉方位に行き始めると、それまで頑張っていたことが認められたり、評価されたりといったできごとが起こりやすくなります。

今、あなたがすでに努力していることを後押しされているように感じる機会が増え、行動を起こしやすくなるのです。

例えば、恋愛したいけれど気になる人がいない方なら、人と出会う行動を、仕事で成果を上げたい方なら、新しいスキルを身につける、新規顧客を開拓するといった行動です。

「1億円の商談が決まりました！」

という人は、吉方位に行く前から1億の商談の仕事をしています。決して、棚ぼた的に1億円がふってくるわけではありません。

「気になっている方からお食事に誘われました！」

という人は、気になる人にあらかじめ会っています。決して、何もしないで素敵な人から誘われるわけではありません。

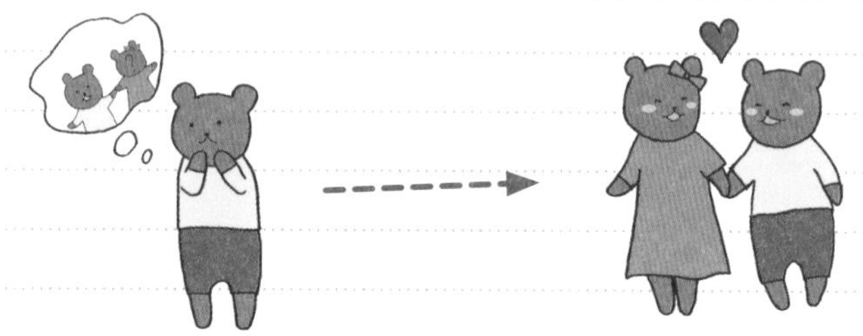

私の場合、吉方位に行ったことで、風水講座の開催依頼がありました。それももちろん、風水講座を行っていることを告知しているからです。

現実での行動と組み合わせることで、この開運法は真の力を発揮するのです。

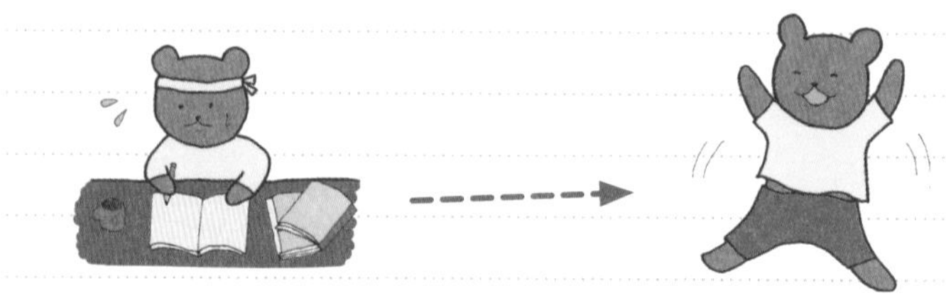

II

ある吉（時盤）

2024年 甲辰年

1月 January　乙丑月 節入り 1/6　5：49

	丑時 1時～3時	寅時 3時～5時	卯時 5時～7時	辰時 7時～9時	巳時 9時～11時
1日 月 甲子 元日	北 西 東 南	北 西 東 南	北 西 東 南	北 西 東 南	北 西 東 南
2日 火 乙丑	北 西 東 南	北 西 東 南	北 西 東 南	北 西 東 南	北 西 東 南
3日 水 丙寅	北 西 東 南	北 西 東 南	北 西 東 南	北 西 東 南	北 西 東 南
4日 木 丁卯	北 西 東 南	北 西 東 南	北 西 東 南	北 西 東 南	北 西 東 南
5日 金 戊辰	北 西 東 南	北 西 東 南	北 西 東 南	北 西 東 南	北 西 東 南
6日 土 己巳 小寒 5：49	北 西 東 南	北 西 東 南	北 西 東 南	北 西 東 南	北 西 東 南
7日 日 庚午	北 西 東 南	北 西 東 南	北 西 東 南	北 西 東 南	北 西 東 南

金運　恋愛運　凶　告知

仕事運　能力 UP　注意

午時 11時～13時	未時 13時～15時	申時 15時～17時	酉時 17時～19時	戌時 19時～21時	亥時 21時～23時
北 西 東 南	北 西 東 南	北 西 東 南	北 西 東 南	北 西 東 南	北 西 東 南
北 西 東 南	北 西 東 南	北 西 東 南	北 西 東 南	北 西 東 南	北 西 東 南
北 西 東 南	北 西 東 南	北 西 東 南	北 西 東 南	北 西 東 南	北 西 東 南
北 西 東 南	北 西 東 南	北 西 東 南	北 西 東 南	北 西 東 南	北 西 東 南
北 西 東 南	北 西 東 南	北 西 東 南	北 西 東 南	北 西 東 南	北 西 東 南
北 西 東 南	北 西 東 南	北 西 東 南	北 西 東 南	北 西 東 南	北 西 東 南
北 西 東 南	北 西 東 南	北 西 東 南	北 西 東 南	北 西 東 南	北 西 東 南

金運　恋愛運　凶　告知

仕事運　能力 UP　注意

2024年 甲辰年

1月 January　乙丑月

	丑時 1時～3時	寅時 3時～5時	卯時 5時～7時	辰時 7時～9時	巳時 9時～11時
8日 月 辛未 成人の日	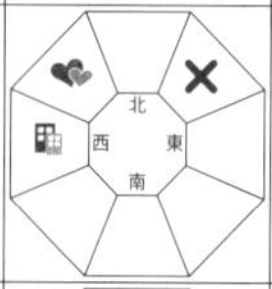 北 西 東 南	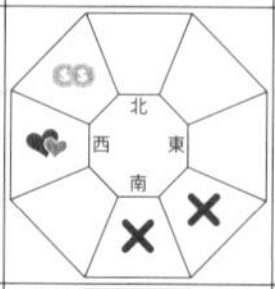 北 西 東 南	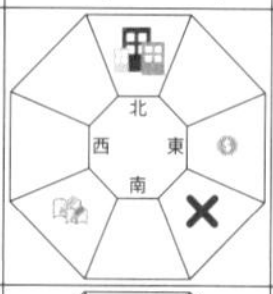 北 西 東 南	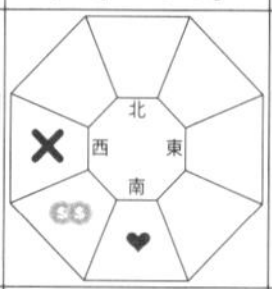 北 西 東 南	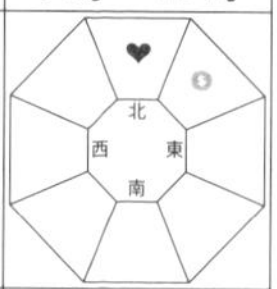 北 西 東 南
9日 火 壬申	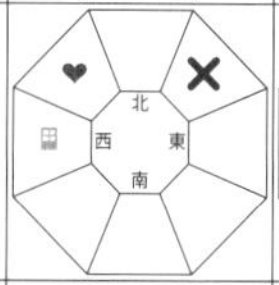 北 西 東 南	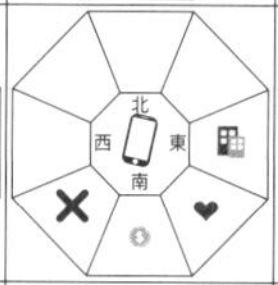 北 西 東 南	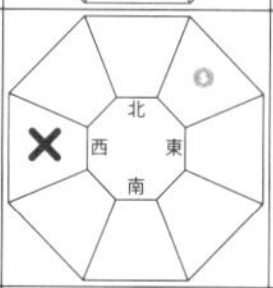 北 西 東 南	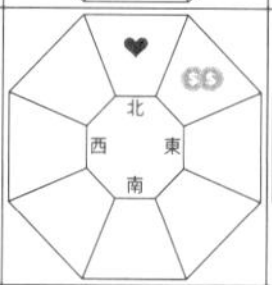 北 西 東 南	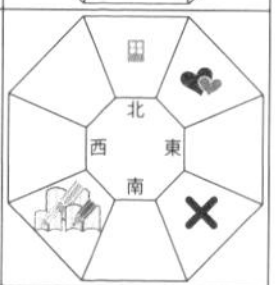 北 西 東 南
10日 水 癸酉	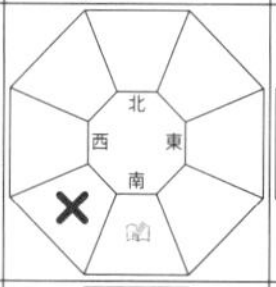 北 西 東 南	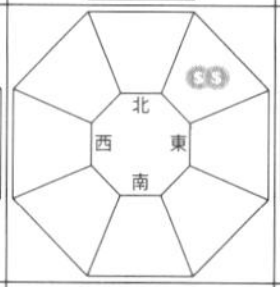 北 西 東 南	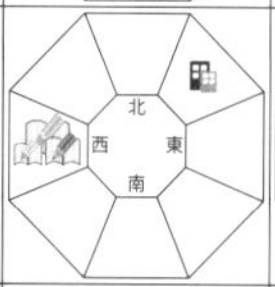 北 西 東 南	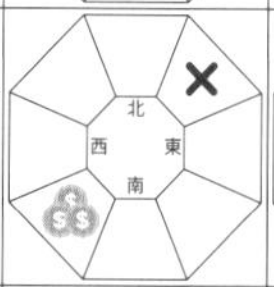 北 西 東 南	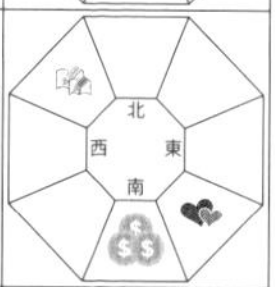 北 西 東 南
11日 木 甲戌 新月 20：57	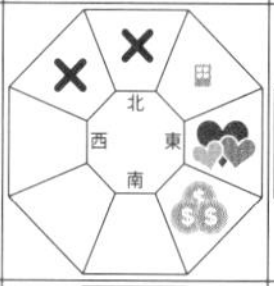 北 西 東 南	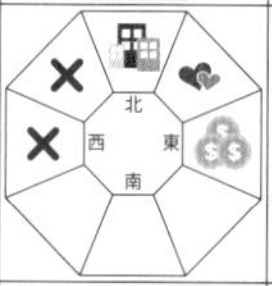 北 西 東 南	 北 西 東 南	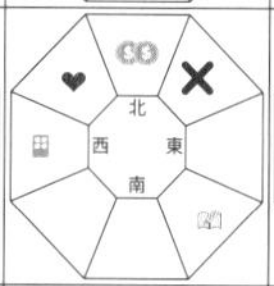 北 西 東 南	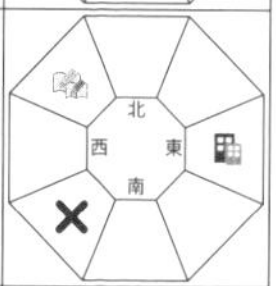 北 西 東 南
12日 金 乙亥	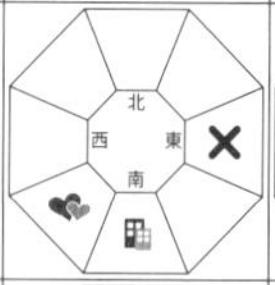 北 西 東 南	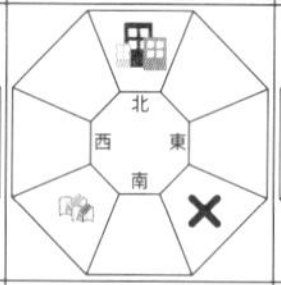 北 西 東 南	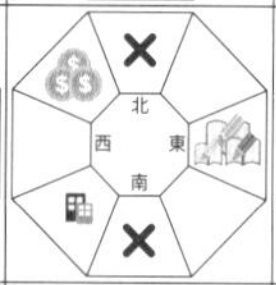 北 西 東 南	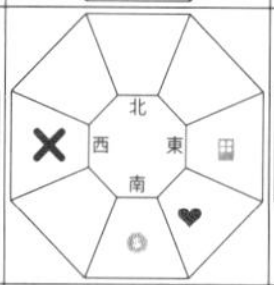 北 西 東 南	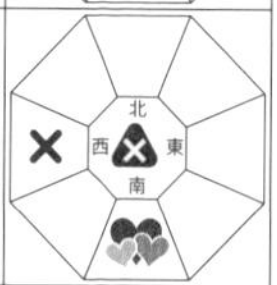 北 西 東 南
13日 土 丙子	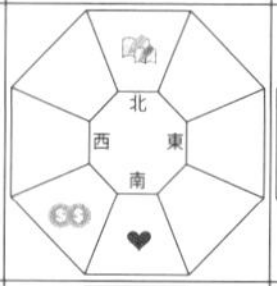 北 西 東 南	 北 西 東 南	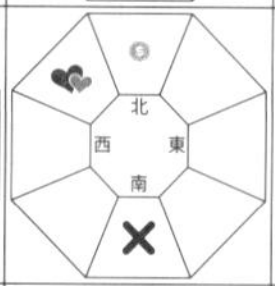 北 西 東 南	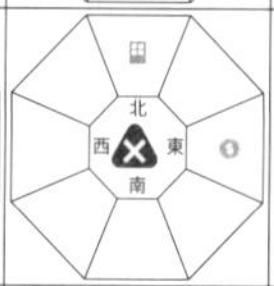 北 西 東 南	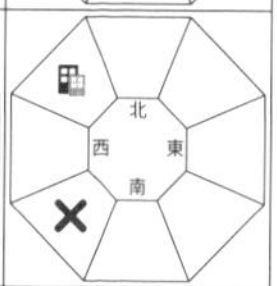 北 西 東 南
14日 日 丁丑	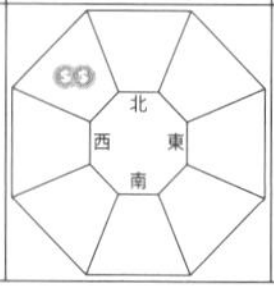 北 西 東 南	 北 西 東 南	 北 西 東 南	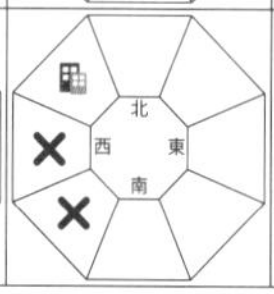 北 西 東 南	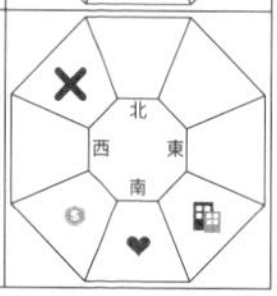 北 西 東 南

金運　恋愛運　凶　告知

仕事運　能力UP　注意

午時 11時〜13時	未時 13時〜15時	申時 15時〜17時	酉時 17時〜19時	戌時 19時〜21時	亥時 21時〜23時
北 西 東 南	北 西 東 南	北 西 東 南	北 西 東 南	北 西 東 南	北 西 東 南
北 西 東 南	北 西 東 南	北 西 東 南	北 西 東 南	北 西 東 南	北 西 東 南
北 西 東 南	北 西 東 南	北 西 東 南	北 西 東 南	北 西 東 南	北 西 東 南
北 西 東 南	北 西 東 南	北 西 東 南	北 西 東 南	北 西 東 南	北 西 東 南
北 西 東 南	北 西 東 南	北 西 東 南	北 西 東 南	北 西 東 南	北 西 東 南
北 西 東 南	北 西 東 南	北 西 東 南	北 西 東 南	北 西 東 南	北 西 東 南
北 西 東 南	北 西 東 南	北 西 東 南	北 西 東 南	北 西 東 南	北 西 東 南

金運　恋愛運　凶　告知

仕事運　能力 UP　注意

1 月 January　乙丑月　大寒 1/20　23：07　♒ 水瓶座 in

	丑時 1 時～3 時	寅時 3 時～5 時	卯時 5 時～7 時	辰時 7 時～9 時	巳時 9 時～11 時
15 日　月 戊寅	北 西 東 南	北 西 東 南	北 西 東 南	北 西 東 南	北 西 東 南
16 日　火 己卯	北 西 東 南	北 西 東 南	北 西 東 南	北 西 東 南	北 西 東 南
17 日　水 庚辰	北 西 東 南	北 西 東 南	北 西 東 南	北 西 東 南	北 西 東 南
18 日　木 辛巳 土用　0：24	北 西 東 南	北 西 東 南	北 西 東 南	北 西 東 南	北 西 東 南
19 日　金 壬午	北 西 東 南	北 西 東 南	北 西 東 南	北 西 東 南	北 西 東 南
20 日　土 癸未 大寒 23：07	北 西 東 南	北 西 東 南	北 西 東 南	北 西 東 南	北 西 東 南
21 日　日 甲申	北 西 東 南	北 西 東 南	北 西 東 南	北 西 東 南	北 西 東 南

金運　　恋愛運　　凶 ✕　　告知
仕事運　　能力 UP　　注意

午時 11 時～ 13 時	未時 13 時～ 15 時	申時 15 時～ 17 時	酉時 17 時～ 19 時	戌時 19 時～ 21 時	亥時 21 時～ 23 時
北 西 東 南	北 西 東 南	北 西 東 南	北 西 東 南	北 西 東 南	北 西 東 南
北 西 東 南	北 西 東 南	北 西 東 南	北 西 東 南	北 西 東 南	北 西 東 南
北 西 東 南	北 西 東 南	北 西 東 南	北 西 東 南	北 西 東 南	北 西 東 南
北 西 東 南	北 西 東 南	北 西 東 南	北 西 東 南	北 西 東 南	北 西 東 南
北 西 東 南	北 西 東 南	北 西 東 南	北 西 東 南	北 西 東 南	北 西 東 南
北 西 東 南	北 西 東 南	北 西 東 南	北 西 東 南	北 西 東 南	北 西 東 南
北 西 東 南	北 西 東 南	北 西 東 南	北 西 東 南	北 西 東 南	北 西 東 南

金運　恋愛運　凶　告知

仕事運　能力 UP　注意

2024年 甲辰年

1月 January　乙丑月

	丑時 1時～3時	寅時 3時～5時	卯時 5時～7時	辰時 7時～9時	巳時 9時～11時
22日　月 乙酉	 北 西 東 南	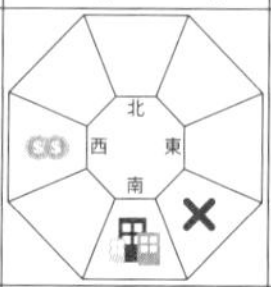 北 西 東 南	 北 西 東 南	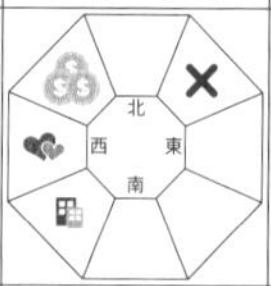 北 西 東 南	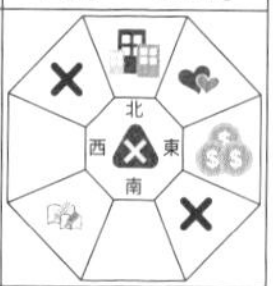 北 西 東 南
23日　火 丙戌	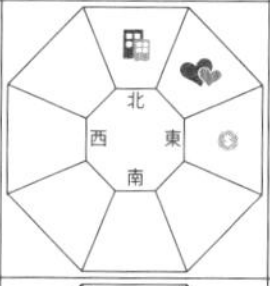 北 西 東 南	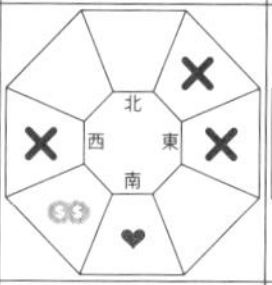 北 西 東 南	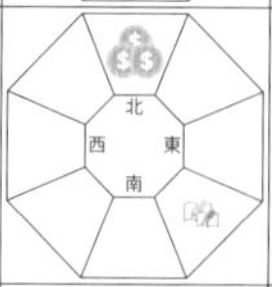 北 西 東 南	 北 西 東 南	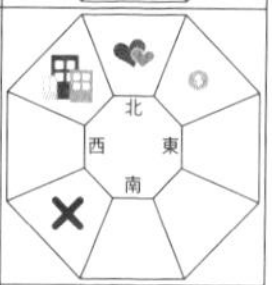 北 西 東 南
24日　水 丁亥	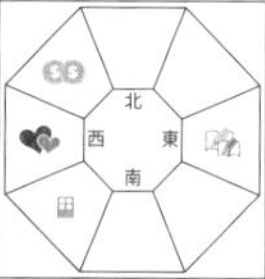 北 西 東 南	 北 西 東 南	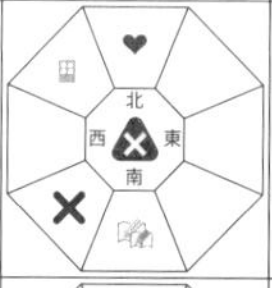 北 西 東 南	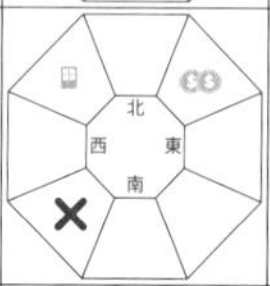 北 西 東 南	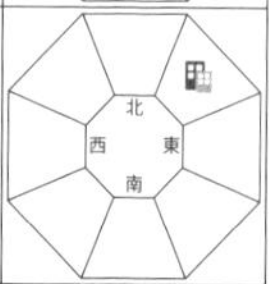 北 西 東 南
25日　木 戊子	 北 西 東 南	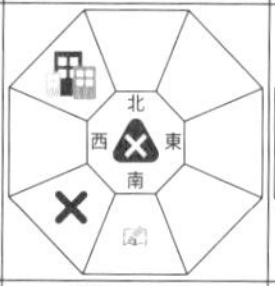 北 西 東 南	 北 西 東 南	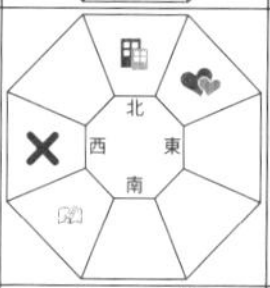 北 西 東 南	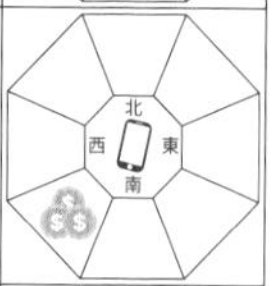 北 西 東 南
26日　金 己丑 満月 2：54	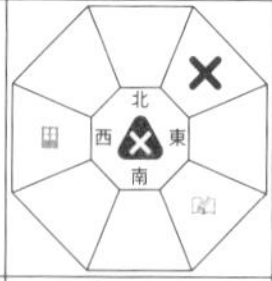 北 西 東 南	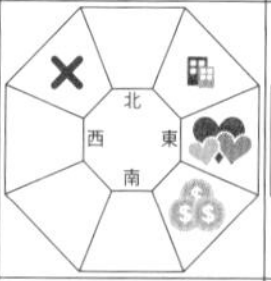 北 西 東 南	 北 西 東 南	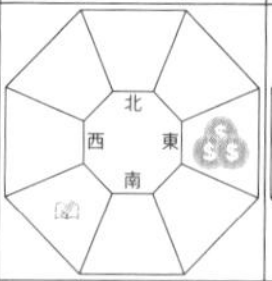 北 西 東 南	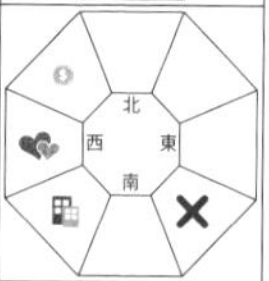 北 西 東 南
27日　土 庚寅	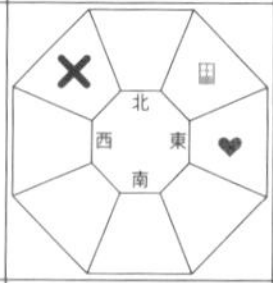 北 西 東 南	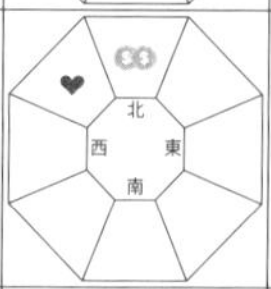 北 西 東 南	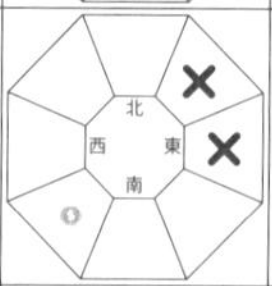 北 西 東 南	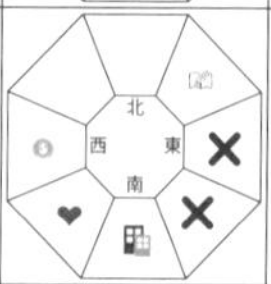 北 西 東 南	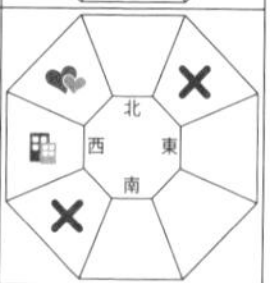 北 西 東 南
28日　日 辛卯	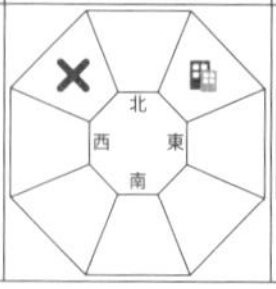 北 西 東 南	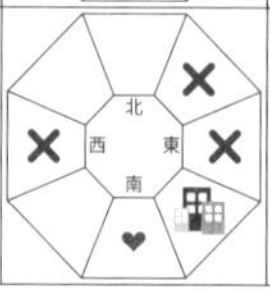 北 西 東 南	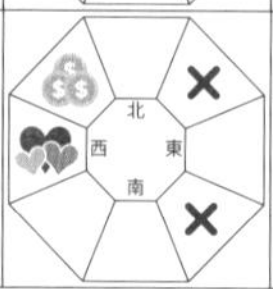 北 西 東 南	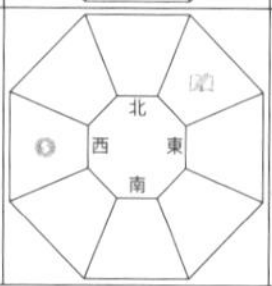 北 西 東 南	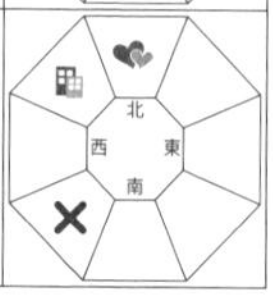 北 西 東 南

金運　恋愛運　凶　告知
仕事運　能力UP　注意

午時 11時～13時	未時 13時～15時	申時 15時～17時	酉時 17時～19時	戌時 19時～21時	亥時 21時～23時
北 西 東 南	北 西 東 南	北 西 東 南	北 西 東 南	北 西 東 南	北 西 東 南
北 西 東 南	北 西 東 南	北 西 東 南	北 西 東 南	北 西 東 南	北 西 東 南
北 西 東 南	北 西 東 南	北 西 東 南	北 西 東 南	北 西 東 南	北 西 東 南
北 西 東 南	北 西 東 南	北 西 東 南	北 西 東 南	北 西 東 南	北 西 東 南
北 西 東 南	北 西 東 南	北 西 東 南	北 西 東 南	北 西 東 南	北 西 東 南
北 西 東 南	北 西 東 南	北 西 東 南	北 西 東 南	北 西 東 南	北 西 東 南
北 西 東 南	北 西 東 南	北 西 東 南	北 西 東 南	北 西 東 南	北 西 東 南

金運　恋愛運　凶　告知

仕事運　能力 UP　注意

1月 / 2月 February 丙寅月 節入り 2/4 17：27

	丑時 1時～3時	寅時 3時～5時	卯時 5時～7時	辰時 7時～9時	巳時 9時～11時
29日 月 壬辰	北 西 東 南	北 西 東 南	北 西 東 南	北 西 東 南	北 西 東 南
30日 火 癸巳	北 西 東 南	北 西 東 南	北 西 東 南	北 西 東 南	北 西 東 南
31日 水 甲午	北 西 東 南	北 西 東 南	北 西 東 南	北 西 東 南	北 西 東 南
1日 木 乙未	北 西 東 南	北 西 東 南	北 西 東 南	北 西 東 南	北 西 東 南
2日 金 丙申	北 西 東 南	北 西 東 南	北 西 東 南	北 西 東 南	北 西 東 南
3日 土 丁酉	北 西 東 南	北 西 東 南	北 西 東 南	北 西 東 南	北 西 東 南
4日 日 戊戌 立春 17：27	北 西 東 南	北 西 東 南	北 西 東 南	北 西 東 南	北 西 東 南

金運　恋愛運　凶　告知

仕事運　能力UP　注意

午時 11時～13時	未時 13時～15時	申時 15時～17時	酉時 17時～19時	戌時 19時～21時	亥時 21時～23時
北 西 東 南	北 西 東 南	北 西 東 南	北 西 東 南	北 西 東 南	北 西 東 南
北 西 東 南	北 西 東 南	北 西 東 南	北 西 東 南	北 西 東 南	北 西 東 南
北 西 東 南	北 西 東 南	北 西 東 南	北 西 東 南	北 西 東 南	北 西 東 南
北 西 東 南	北 西 東 南	北 西 東 南	北 西 東 南	北 西 東 南	北 西 東 南
北 西 東 南	北 西 東 南	北 西 東 南	北 西 東 南	北 西 東 南	北 西 東 南
北 西 東 南	北 西 東 南	北 西 東 南	北 西 東 南	北 西 東 南	北 西 東 南
北 西 東 南	北 西 東 南	北 西 東 南	北 西 東 南	北 西 東 南	北 西 東 南

金運　恋愛運　凶 ×　告知

仕事運　能力 UP　注意

2024年 甲辰年

2月 February 丙寅月

	丑時 1時～3時	寅時 3時～5時	卯時 5時～7時	辰時 7時～9時	巳時 9時～11時
5日 月 己亥	 北 西 東 南	 北 西 東 南	 北 西 東 南	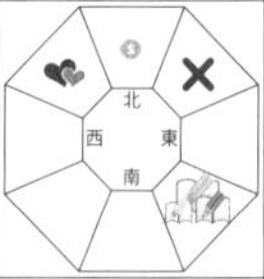 北 西 東 南	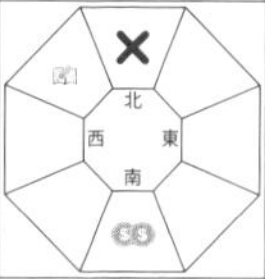 北 西 東 南
6日 火 庚子	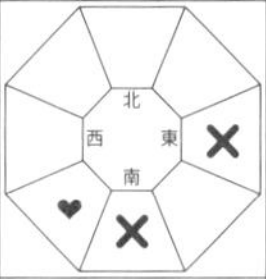 北 西 東 南	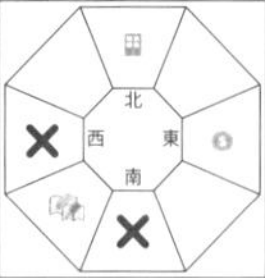 北 西 東 南	 北 西 東 南	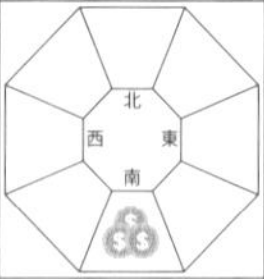 北 西 東 南	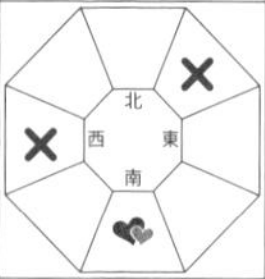 北 西 東 南
7日 水 辛丑	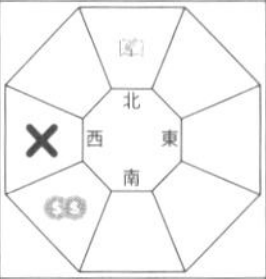 北 西 東 南	 北 西 東 南	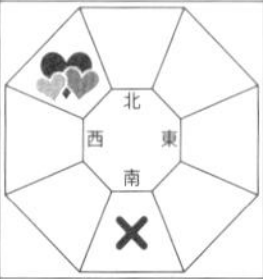 北 西 東 南	 北 西 東 南	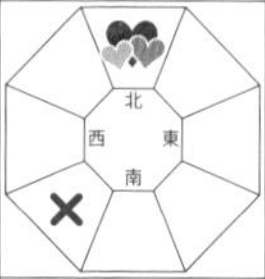 北 西 東 南
8日 木 壬寅	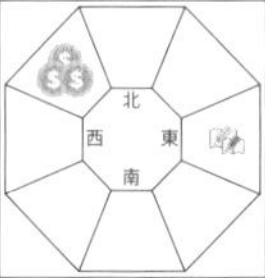 北 西 東 南	 北 西 東 南	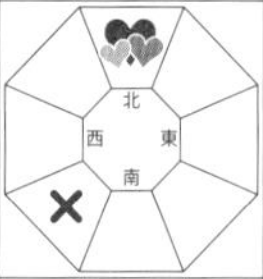 北 西 東 南	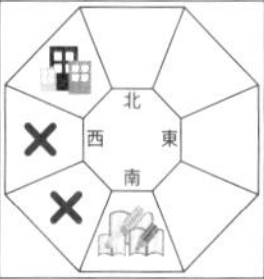 北 西 東 南	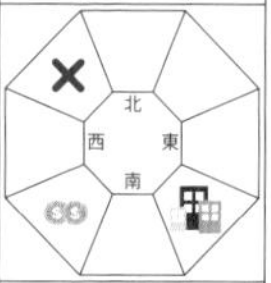 北 西 東 南
9日 金 癸卯	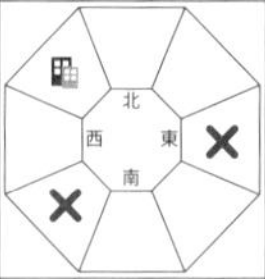 北 西 東 南	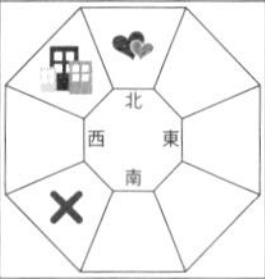 北 西 東 南	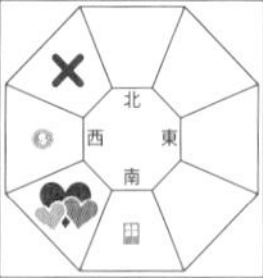 北 西 東 南	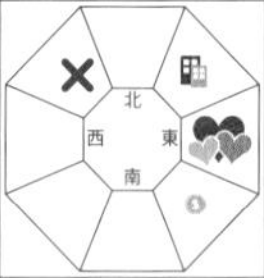 北 西 東 南	 北 西 東 南
10日 土 甲辰 新月 7：59	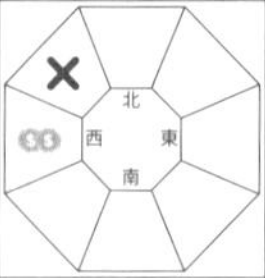 北 西 東 南	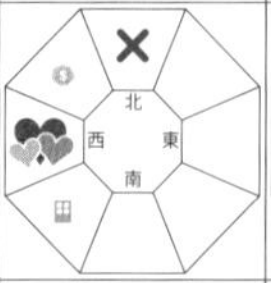 北 西 東 南	 北 西 東 南	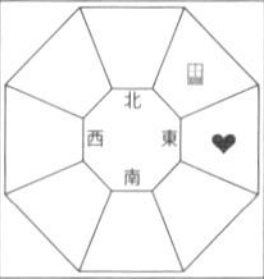 北 西 東 南	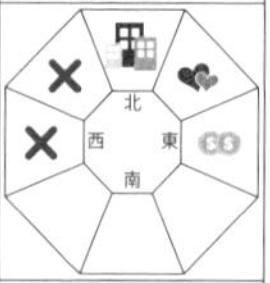 北 西 東 南
11日 日 乙巳 建国記念の日	 北 西 東 南	 北 西 東 南	 北 西 東 南	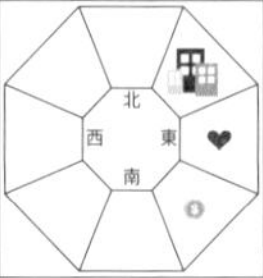 北 西 東 南	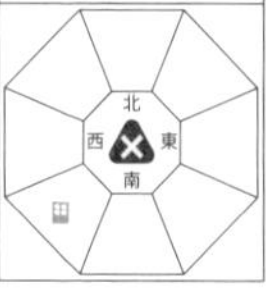 北 西 東 南

金運　恋愛運　凶　告知
仕事運　能力UP　注意

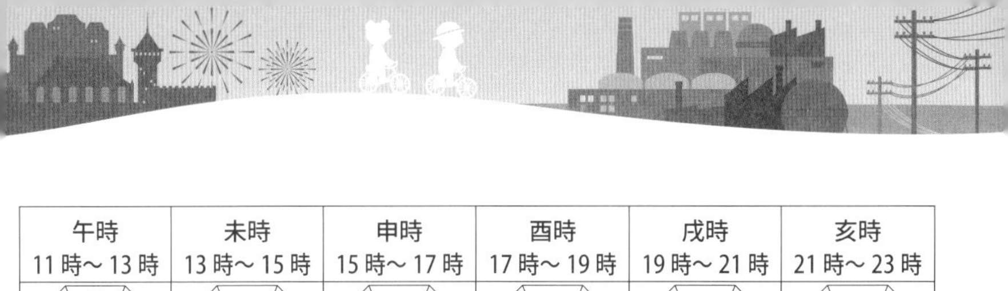

午時 11時～13時	未時 13時～15時	申時 15時～17時	酉時 17時～19時	戌時 19時～21時	亥時 21時～23時
北 西 東 南	北 西 東 南	北 西 東 南	北 西 東 南	北 西 東 南	北 西 東 南
北 西 東 南	北 西 東 南	北 西 東 南	北 西 東 南	北 西 東 南	北 西 東 南
北 西 東 南	北 西 東 南	北 西 東 南	北 西 東 南	北 西 東 南	北 西 東 南
北 西 東 南	北 西 東 南	北 西 東 南	北 西 東 南	北 西 東 南	北 西 東 南
北 西 東 南	北 西 東 南	北 西 東 南	北 西 東 南	北 西 東 南	北 西 東 南
北 西 東 南	北 西 東 南	北 西 東 南	北 西 東 南	北 西 東 南	北 西 東 南
北 西 東 南	北 西 東 南	北 西 東 南	北 西 東 南	北 西 東 南	北 西 東 南

金運　恋愛運　凶　告知
仕事運　能力UP　注意

2月 February 丙寅月

	丑時 1時～3時	寅時 3時～5時	卯時 5時～7時	辰時 7時～9時	巳時 9時～11時
12日 月 丙午 休日	北 西 東 南	北 西 東 南	北 西 東 南	北 西 東 南	北 西 東 南
13日 火 丁未	北 西 東 南	北 西 東 南	北 西 東 南	北 西 東 南	北 西 東 南
14日 水 戊申	北 西 東 南	北 西 東 南	北 西 東 南	北 西 東 南	北 西 東 南
15日 木 己酉	北 西 東 南	北 西 東 南	北 西 東 南	北 西 東 南	北 西 東 南
16日 金 庚戌	北 西 東 南	北 西 東 南	北 西 東 南	北 西 東 南	北 西 東 南
17日 土 辛亥	北 西 東 南	北 西 東 南	北 西 東 南	北 西 東 南	北 西 東 南
18日 日 壬子	北 西 東 南	北 西 東 南	北 西 東 南	北 西 東 南	北 西 東 南

金運　　恋愛運　　凶　　告知

仕事運　　能力 UP　　注意

午時 11時～13時	未時 13時～15時	申時 15時～17時	酉時 17時～19時	戌時 19時～21時	亥時 21時～23時
北 西 東 南	北 西 東 南	北 西 東 南	北 西 東 南	北 西 東 南	北 西 東 南
北 西 東 南	北 西 東 南	北 西 東 南	北 西 東 南	北 西 東 南	北 西 東 南
北 西 東 南	北 西 東 南	北 西 東 南	北 西 東 南	北 西 東 南	北 西 東 南
北 西 東 南	北 西 東 南	北 西 東 南	北 西 東 南	北 西 東 南	北 西 東 南
北 西 東 南	北 西 東 南	北 西 東 南	北 西 東 南	北 西 東 南	北 西 東 南
北 西 東 南	北 西 東 南	北 西 東 南	北 西 東 南	北 西 東 南	北 西 東 南
北 西 東 南	北 西 東 南	北 西 東 南	北 西 東 南	北 西 東 南	北 西 東 南

金運　恋愛運　凶　告知

仕事運　能力UP　注意

2月 February 丙寅月 雨水 2/19 13：13 ♓ 魚座 in

	丑時 1時～3時	寅時 3時～5時	卯時 5時～7時	辰時 7時～9時	巳時 9時～11時
19日 月 癸丑 雨水 13：13	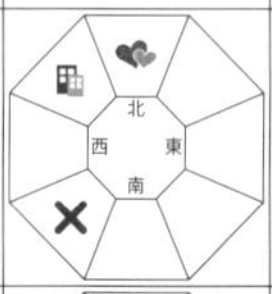	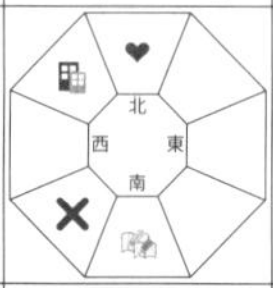	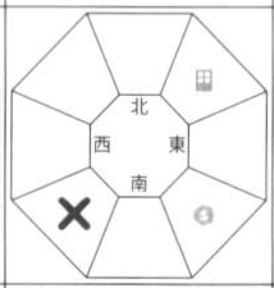	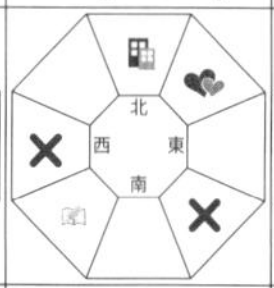	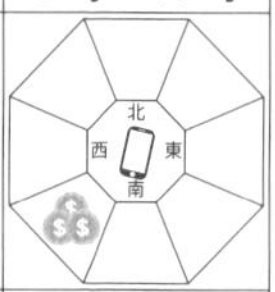
20日 火 甲寅	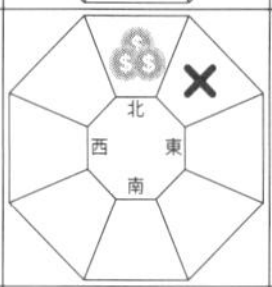	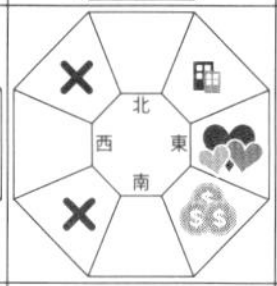	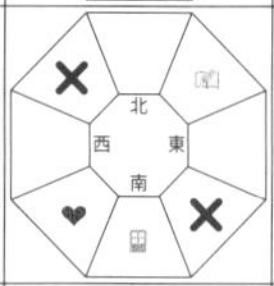	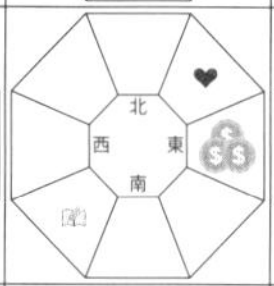	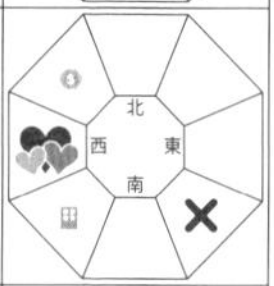
21日 水 乙卯	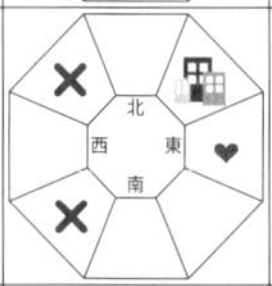	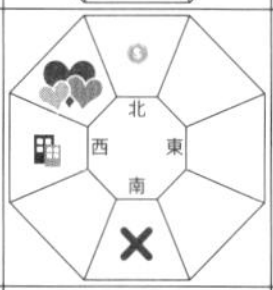	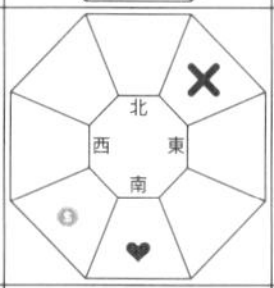	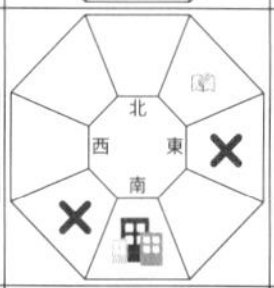	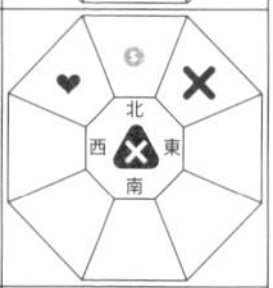
22日 木 丙辰	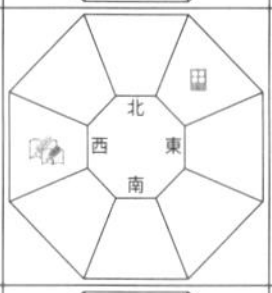	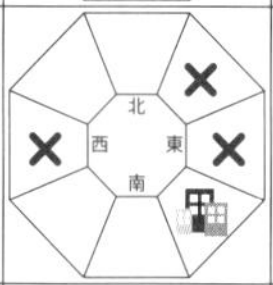	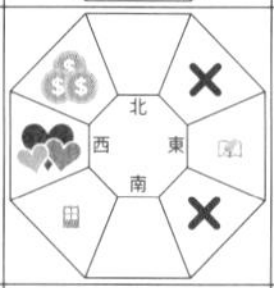	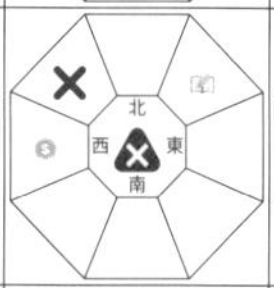	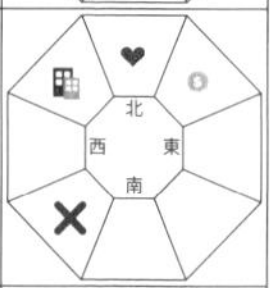
23日 金 丁巳 天皇誕生日	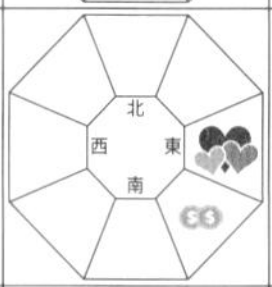	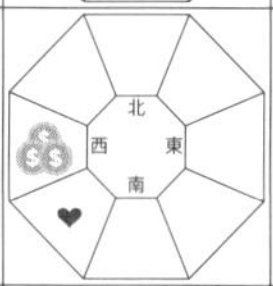	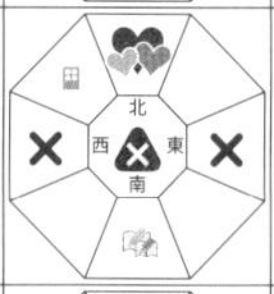	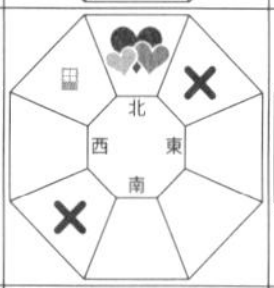	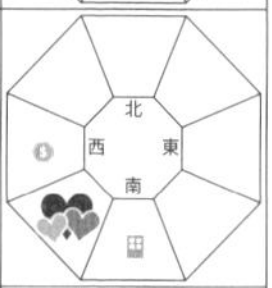
24日 土 戊午 満月 21：30	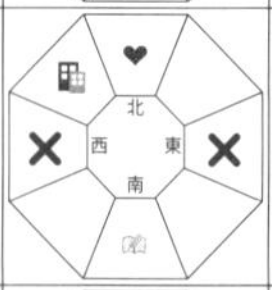	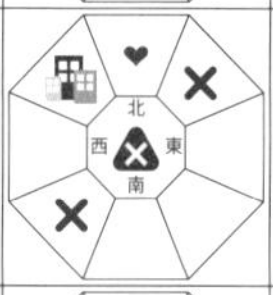	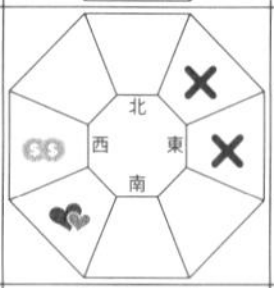	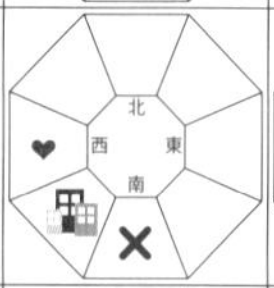	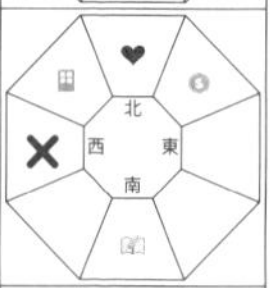
25日 日 己未	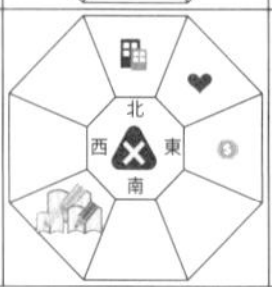	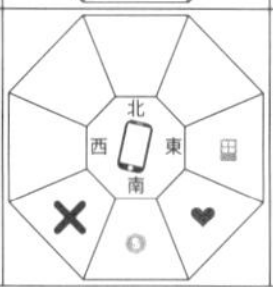	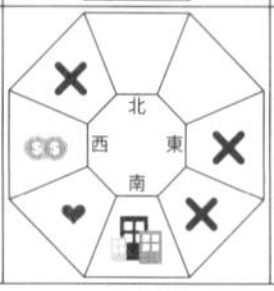	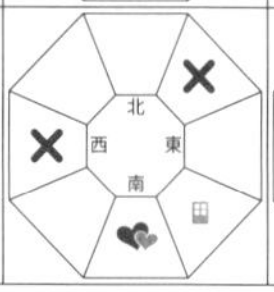	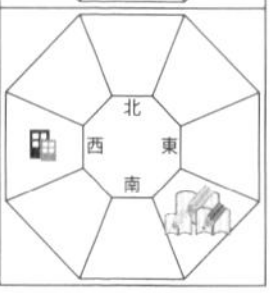

金運　恋愛運　凶　告知
仕事運　能力UP　注意

午時 11時～13時	未時 13時～15時	申時 15時～17時	酉時 17時～19時	戌時 19時～21時	亥時 21時～23時
北 西 東 南	北 西 東 南	北 西 東 南	北 西 東 南	北 西 東 南	北 西 東 南
北 西 東 南	北 西 東 南	北 西 東 南	北 西 東 南	北 西 東 南	北 西 東 南
北 西 東 南	北 西 東 南	北 西 東 南	北 西 東 南	北 西 東 南	北 西 東 南
北 西 東 南	北 西 東 南	北 西 東 南	北 西 東 南	北 西 東 南	北 西 東 南
北 西 東 南	北 西 東 南	北 西 東 南	北 西 東 南	北 西 東 南	北 西 東 南
北 西 東 南	北 西 東 南	北 西 東 南	北 西 東 南	北 西 東 南	北 西 東 南
北 西 東 南	北 西 東 南	北 西 東 南	北 西 東 南	北 西 東 南	北 西 東 南

金運　恋愛運　凶　告知
仕事運　能力UP　注意

2024年 甲辰年

2月 / 3月 March 丁卯月 節入り 3/5 11：22

	丑時 1時～3時	寅時 3時～5時	卯時 5時～7時	辰時 7時～9時	巳時 9時～11時
26日 月 庚申	北 西 東 南	北 西 東 南	北 西 東 南	北 西 東 南	北 西 東 南
27日 火 辛酉	北 西 東 南	北 西 東 南	北 西 東 南	北 西 東 南	北 西 東 南
28日 水 壬戌	北 西 東 南	北 西 東 南	北 西 東 南	北 西 東 南	北 西 東 南
29日 木 癸亥	北 西 東 南	北 西 東 南	北 西 東 南	北 西 東 南	北 西 東 南
1日 金 甲子	北 西 東 南	北 西 東 南	北 西 東 南	北 西 東 南	北 西 東 南
2日 土 乙丑	北 西 東 南	北 西 東 南	北 西 東 南	北 西 東 南	北 西 東 南
3日 日 丙寅	北 西 東 南	北 西 東 南	北 西 東 南	北 西 東 南	北 西 東 南

金運　恋愛運　凶 ✕　告知

仕事運　能力 UP　注意

午時 11時～13時	未時 13時～15時	申時 15時～17時	酉時 17時～19時	戌時 19時～21時	亥時 21時～23時
北 西 東 南	北 西 東 南	北 西 東 南	北 西 東 南	北 西 東 南	北 西 東 南
北 西 東 南	北 西 東 南	北 西 東 南	北 西 東 南	北 西 東 南	北 西 東 南
北 西 東 南	北 西 東 南	北 西 東 南	北 西 東 南	北 西 東 南	北 西 東 南
北 西 東 南	北 西 東 南	北 西 東 南	北 西 東 南	北 西 東 南	北 西 東 南
北 西 東 南	北 西 東 南	北 西 東 南	北 西 東 南	北 西 東 南	北 西 東 南
北 西 東 南	北 西 東 南	北 西 東 南	北 西 東 南	北 西 東 南	北 西 東 南
北 西 東 南	北 西 東 南	北 西 東 南	北 西 東 南	北 西 東 南	北 西 東 南

金運　　恋愛運　　凶　　告知

仕事運　　能力 UP　　注意

2024年 甲辰年

3月 March 丁卯月 節入り 3/5 11：22

	丑時 1時～3時	寅時 3時～5時	卯時 5時～7時	辰時 7時～9時	巳時 9時～11時
4日 月 丁卯	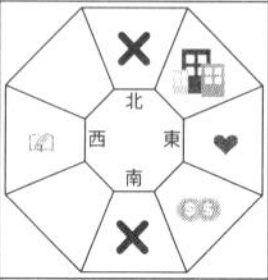	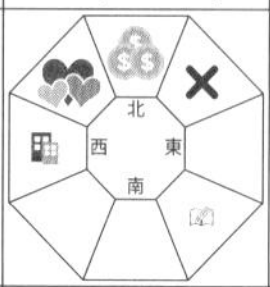	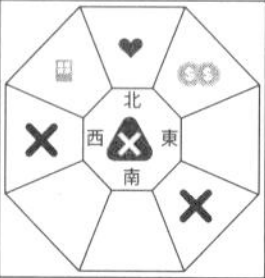	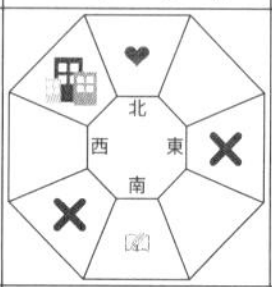	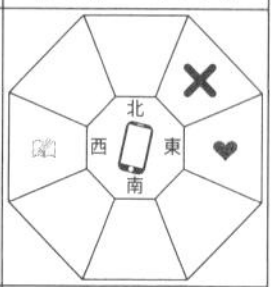
5日 火 戊辰 啓蟄 11：22	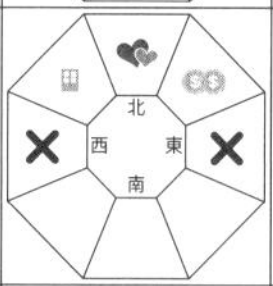		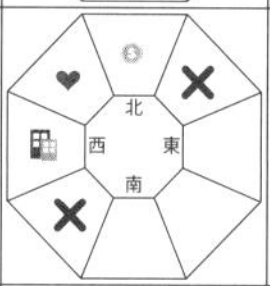	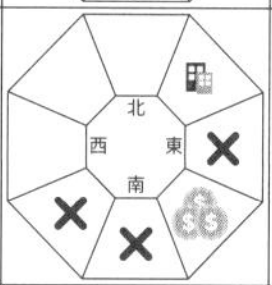	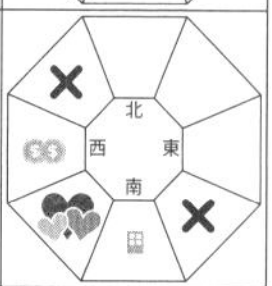
6日 水 己巳	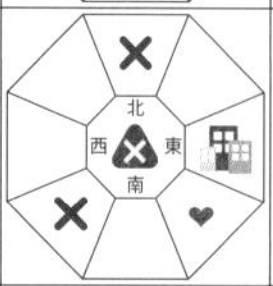	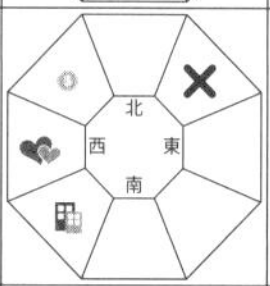	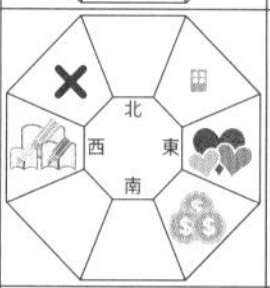	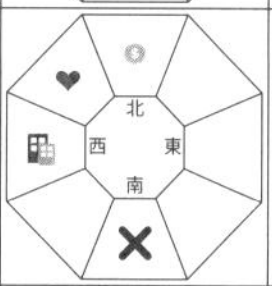	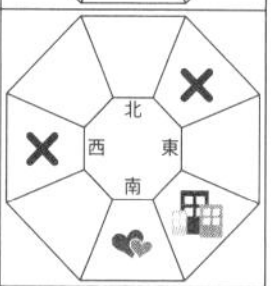
7日 木 庚午	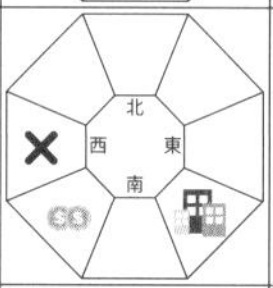	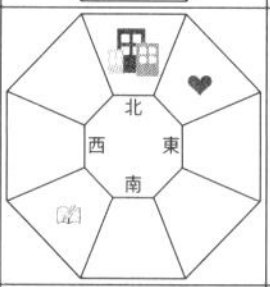	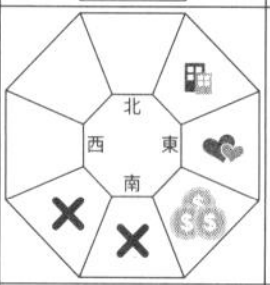	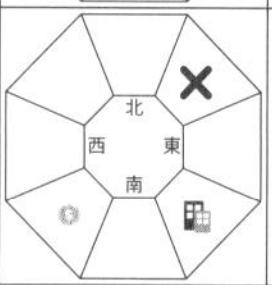	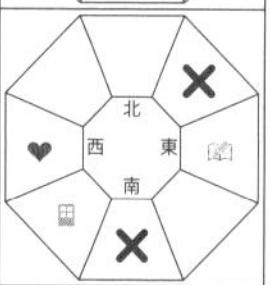
8日 金 辛未	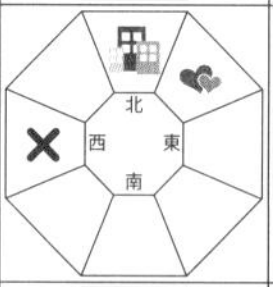	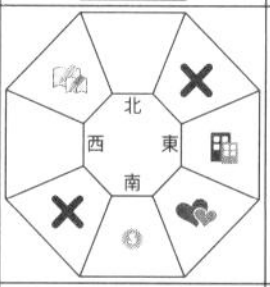		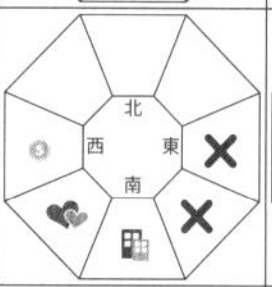	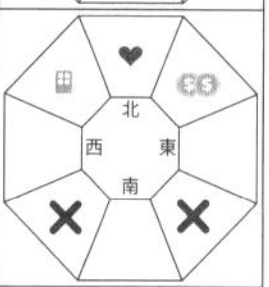
9日 土 壬申	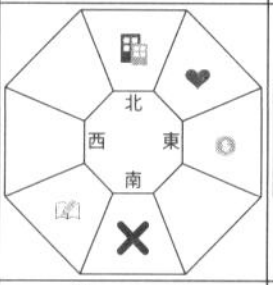		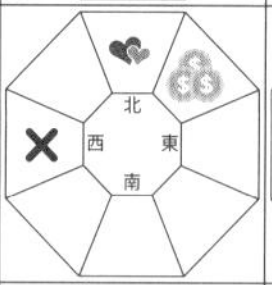	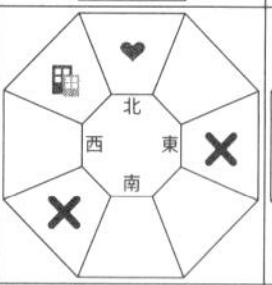	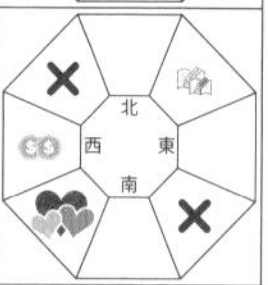
10日 日 癸酉 新月 18：00	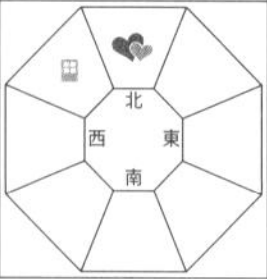	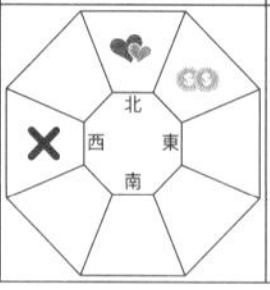	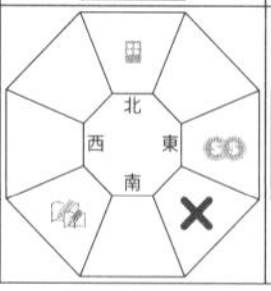	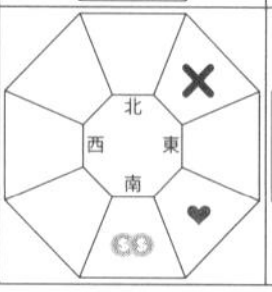	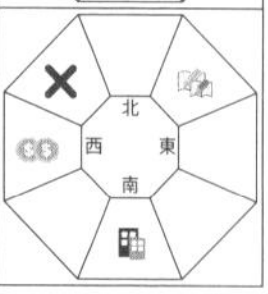

金運 恋愛運 凶 告知
仕事運 能力UP 注意

午時 11時～13時	未時 13時～15時	申時 15時～17時	酉時 17時～19時	戌時 19時～21時	亥時 21時～23時
北 西 東 南	北 西 東 南	北 西 東 南	北 西 東 南	北 西 東 南	北 西 東 南
北 西 東 南	北 西 東 南	北 西 東 南	北 西 東 南	北 西 東 南	北 西 東 南
北 西 東 南	北 西 東 南	北 西 東 南	北 西 東 南	北 西 東 南	北 西 東 南
北 西 東 南	北 西 東 南	北 西 東 南	北 西 東 南	北 西 東 南	北 西 東 南
北 西 東 南	北 西 東 南	北 西 東 南	北 西 東 南	北 西 東 南	北 西 東 南
北 西 東 南	北 西 東 南	北 西 東 南	北 西 東 南	北 西 東 南	北 西 東 南
北 西 東 南	北 西 東 南	北 西 東 南	北 西 東 南	北 西 東 南	北 西 東 南

金運　恋愛運　凶　告知

仕事運　能力 UP　注意

3月 March　丁卯月

	丑時 1時～3時	寅時 3時～5時	卯時 5時～7時	辰時 7時～9時	巳時 9時～11時
11日　月 甲戌	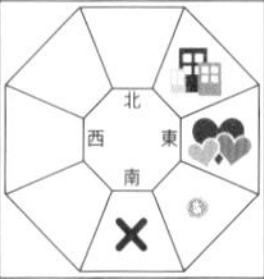		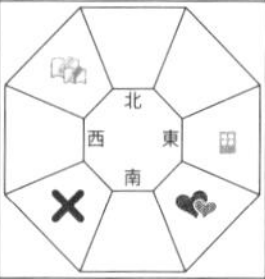	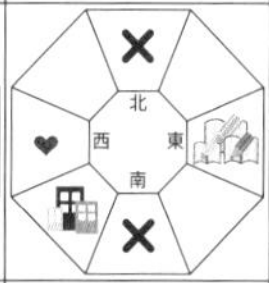	
12日　火 乙亥			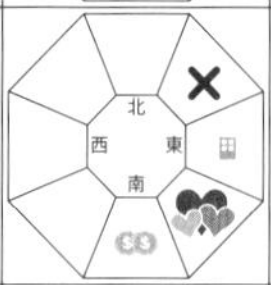	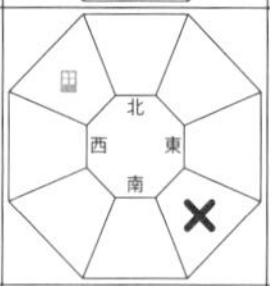	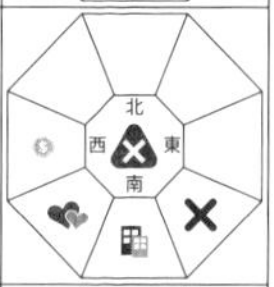
13日　水 丙子	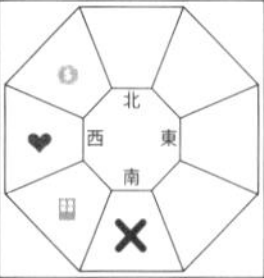	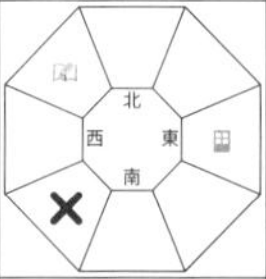	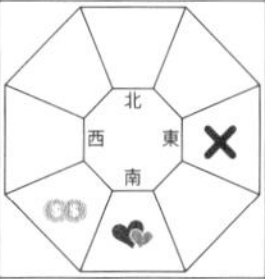	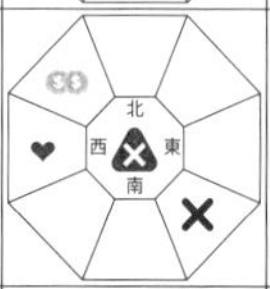	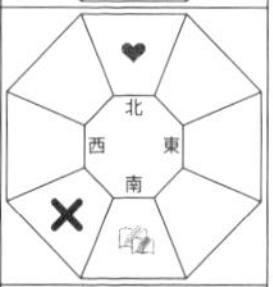
14日　木 丁丑	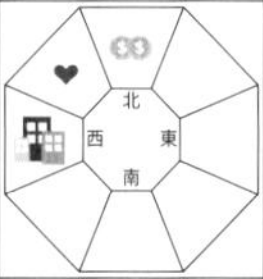	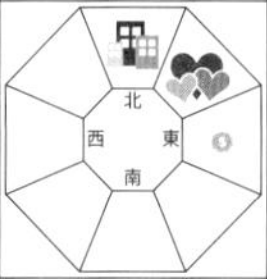	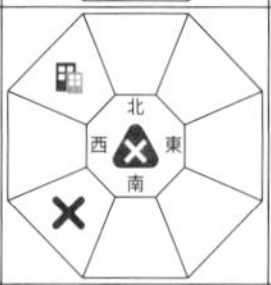	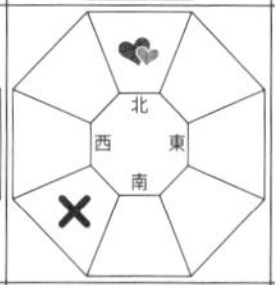	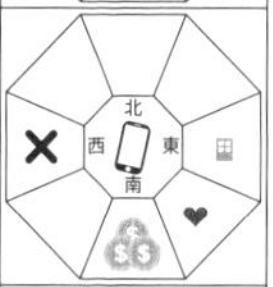
15日　金 戊寅	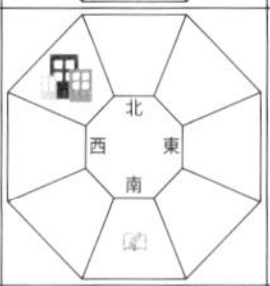	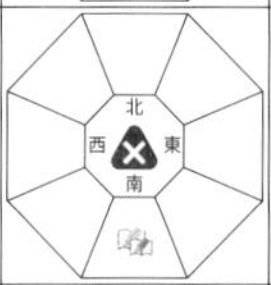	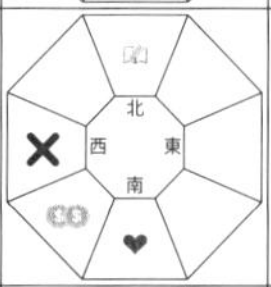	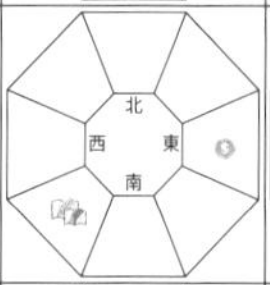	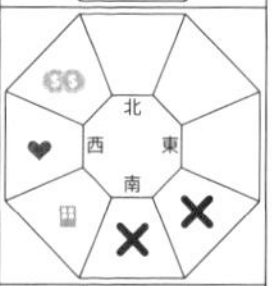
16日　土 己卯	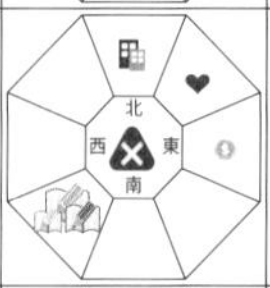			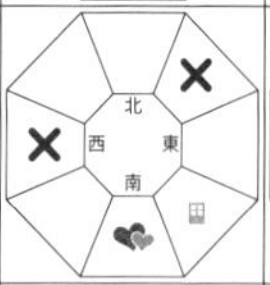	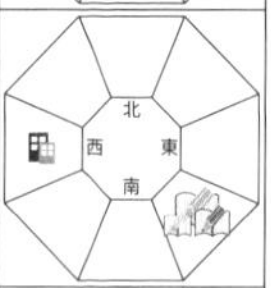
17日　日 庚辰	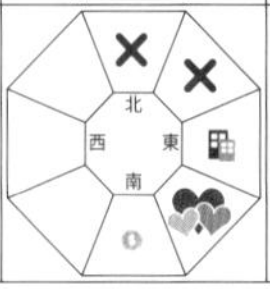	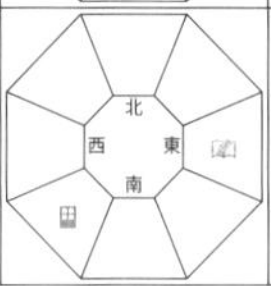	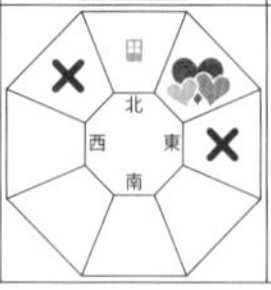	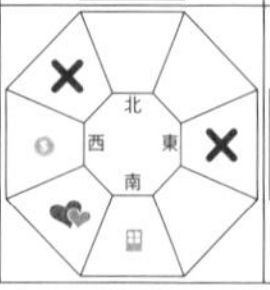	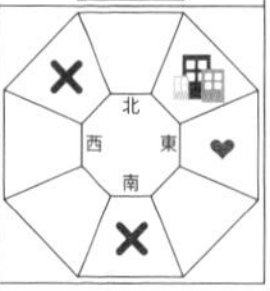

金運　　恋愛運　　凶　　告知

仕事運　　能力UP　　注意

午時 11時～13時	未時 13時～15時	申時 15時～17時	酉時 17時～19時	戌時 19時～21時	亥時 21時～23時
北 西 東 南	北 西 東 南	北 西 東 南	北 西 東 南	北 西 東 南	北 西 東 南
北 西 東 南	北 西 東 南	北 西 東 南	北 西 東 南	北 西 東 南	北 西 東 南
北 西 東 南	北 西 東 南	北 西 東 南	北 西 東 南	北 西 東 南	北 西 東 南
北 西 東 南	北 西 東 南	北 西 東 南	北 西 東 南	北 西 東 南	北 西 東 南
北 西 東 南	北 西 東 南	北 西 東 南	北 西 東 南	北 西 東 南	北 西 東 南
北 西 東 南	北 西 東 南	北 西 東 南	北 西 東 南	北 西 東 南	北 西 東 南
北 西 東 南	北 西 東 南	北 西 東 南	北 西 東 南	北 西 東 南	北 西 東 南

金運　恋愛運　凶　告知

仕事運　能力UP　注意

3月 March　丁卯月　春分 3/20　12：06　♈牡羊座 in

	丑時 1時～3時	寅時 3時～5時	卯時 5時～7時	辰時 7時～9時	巳時 9時～11時
18日　月 辛巳					
19日　火 壬午					
20日　水 癸未 春分の日 春分 12：06					
21日　木 甲申					
22日　金 乙酉					
23日　土 丙戌					
24日　日 丁亥					

金運　恋愛運　凶　告知

仕事運　能力UP　注意

午時 11時～13時	未時 13時～15時	申時 15時～17時	酉時 17時～19時	戌時 19時～21時	亥時 21時～23時
北 西 東 南	北 西 東 南	北 西 東 南	北 西 東 南	北 西 東 南	北 西 東 南
北 西 東 南	北 西 東 南	北 西 東 南	北 西 東 南	北 西 東 南	北 西 東 南
北 西 東 南	北 西 東 南	北 西 東 南	北 西 東 南	北 西 東 南	北 西 東 南
北 西 東 南	北 西 東 南	北 西 東 南	北 西 東 南	北 西 東 南	北 西 東 南
北 西 東 南	北 西 東 南	北 西 東 南	北 西 東 南	北 西 東 南	北 西 東 南
北 西 東 南	北 西 東 南	北 西 東 南	北 西 東 南	北 西 東 南	北 西 東 南
北 西 東 南	北 西 東 南	北 西 東 南	北 西 東 南	北 西 東 南	北 西 東 南

金運　恋愛運　凶　告知

仕事運　能力UP　注意

3月 March　丁卯月

	丑時 1時～3時	寅時 3時～5時	卯時 5時～7時	辰時 7時～9時	巳時 9時～11時
25日 月 戊子 満月 16：00				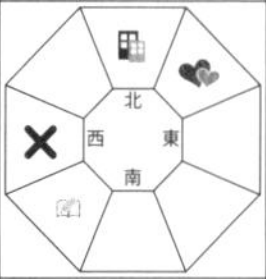	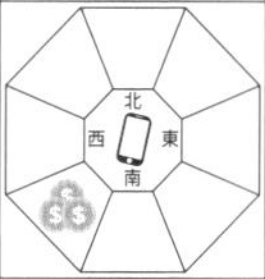
26日 火 己丑		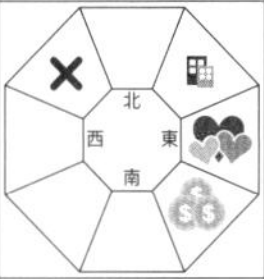		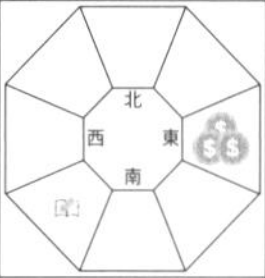	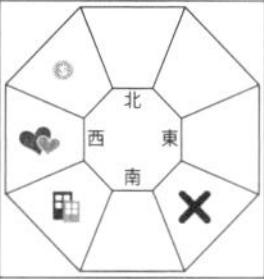
27日 水 庚寅		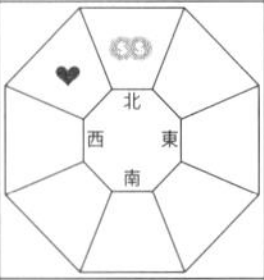			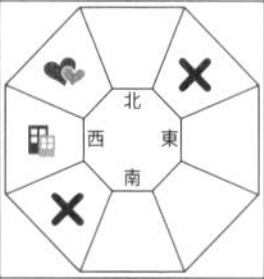
28日 木 辛卯	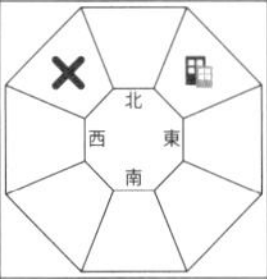	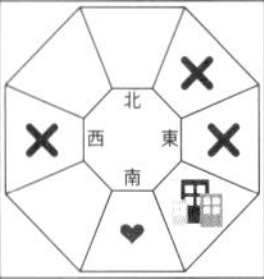	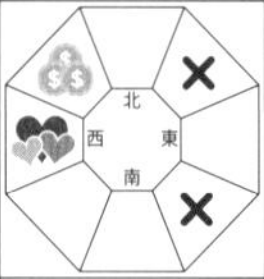	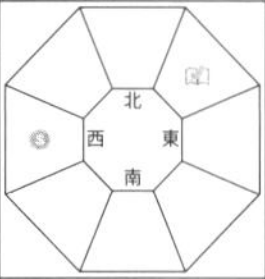	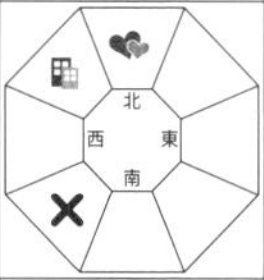
29日 金 壬辰		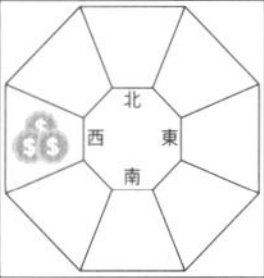			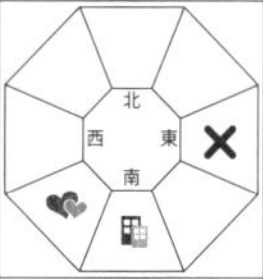
30日 土 癸巳					
31日 日 甲午	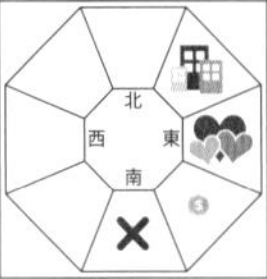		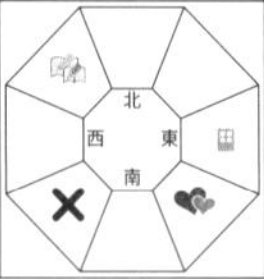		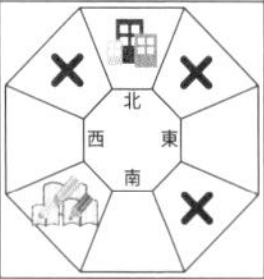

金運　恋愛運　凶　告知
仕事運　能力UP　注意

午時 11時～13時	未時 13時～15時	申時 15時～17時	酉時 17時～19時	戌時 19時～21時	亥時 21時～23時
北 西 東 南	北 西 東 南	北 西 東 南	北 西 東 南	北 西 東 南	北 西 東 南
北 西 東 南	北 西 東 南	北 西 東 南	北 西 東 南	北 西 東 南	北 西 東 南
北 西 東 南	北 西 東 南	北 西 東 南	北 西 東 南	北 西 東 南	北 西 東 南
北 西 東 南	北 西 東 南	北 西 東 南	北 西 東 南	北 西 東 南	北 西 東 南
北 西 東 南	北 西 東 南	北 西 東 南	北 西 東 南	北 西 東 南	北 西 東 南
北 西 東 南	北 西 東 南	北 西 東 南	北 西 東 南	北 西 東 南	北 西 東 南
北 西 東 南	北 西 東 南	北 西 東 南	北 西 東 南	北 西 東 南	北 西 東 南

金運　恋愛運　凶　告知

仕事運　能力 UP　注意

4月 April 戊辰月 節入り 4/4 16：02

	丑時 1時～3時	寅時 3時～5時	卯時 5時～7時	辰時 7時～9時	巳時 9時～11時
1日 月 乙未	北 西 東 南	北 西 東 南	北 西 東 南	北 西 東 南	北 西 東 南
2日 火 丙申	北 西 東 南	北 西 東 南	北 西 東 南	北 西 東 南	北 西 東 南
3日 水 丁酉	北 西 東 南	北 西 東 南	北 西 東 南	北 西 東 南	北 西 東 南
4日 木 戊戌 清明 16：02	北 西 東 南	北 西 東 南	北 西 東 南	北 西 東 南	北 西 東 南
5日 金 己亥	北 西 東 南	北 西 東 南	北 西 東 南	北 西 東 南	北 西 東 南
6日 土 庚子	北 西 東 南	北 西 東 南	北 西 東 南	北 西 東 南	北 西 東 南
7日 日 辛丑	北 西 東 南	北 西 東 南	北 西 東 南	北 西 東 南	北 西 東 南

金運　恋愛運　凶　告知

仕事運　能力UP　注意

午時 11 時～ 13 時	未時 13 時～ 15 時	申時 15 時～ 17 時	酉時 17 時～ 19 時	戌時 19 時～ 21 時	亥時 21 時～ 23 時
北 西 東 南	北 西 東 南	北 西 東 南	北 西 東 南	北 西 東 南	北 西 東 南
北 西 東 南	北 西 東 南	北 西 東 南	北 西 東 南	北 西 東 南	北 西 東 南
北 西 東 南	北 西 東 南	北 西 東 南	北 西 東 南	北 西 東 南	北 西 東 南
北 西 東 南	北 西 東 南	北 西 東 南	北 西 東 南	北 西 東 南	北 西 東 南
北 西 東 南	北 西 東 南	北 西 東 南	北 西 東 南	北 西 東 南	北 西 東 南
北 西 東 南	北 西 東 南	北 西 東 南	北 西 東 南	北 西 東 南	北 西 東 南
北 西 東 南	北 西 東 南	北 西 東 南	北 西 東 南	北 西 東 南	北 西 東 南

金運　恋愛運　凶　告知

仕事運　能力 UP　注意

4 月 April 戊辰月

	丑時 1 時～3 時	寅時 3 時～5 時	卯時 5 時～7 時	辰時 7 時～9 時	巳時 9 時～11 時
8 日 月 壬寅	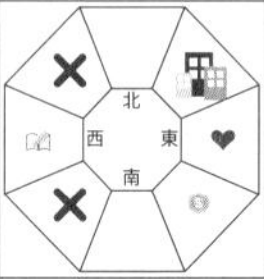 北 西 東 南	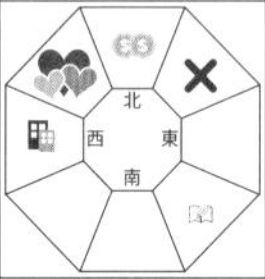 北 西 東 南	 北 西 東 南	 北 西 東 南	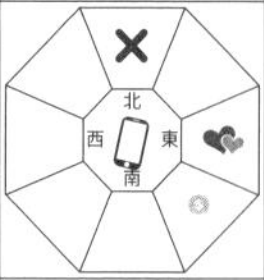 北 西 東 南
9 日 火 癸卯 新月 3：21	 北 西 東 南	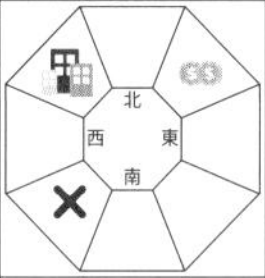 北 西 東 南	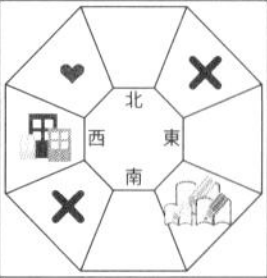 北 西 東 南	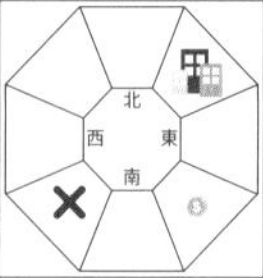 北 西 東 南	 北 西 東 南
10 日 水 甲辰	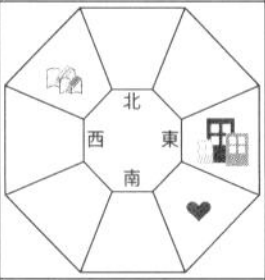 北 西 東 南	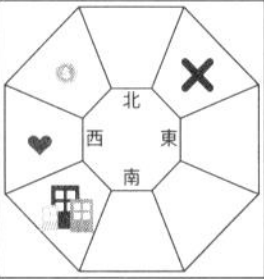 北 西 東 南	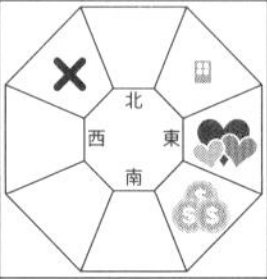 北 西 東 南	 北 西 東 南	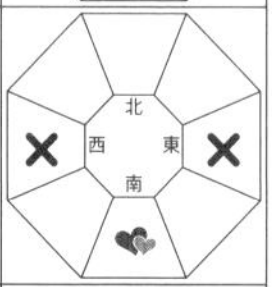 北 西 東 南
11 日 木 乙巳	 北 西 東 南	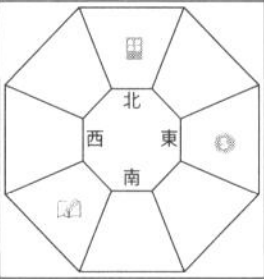 北 西 東 南	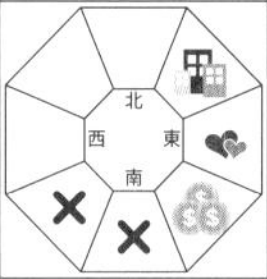 北 西 東 南	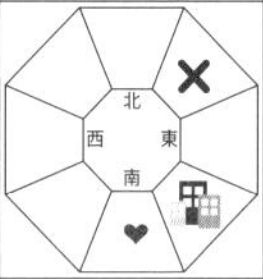 北 西 東 南	 北 西 東 南
12 日 金 丙午	 北 西 東 南	 北 西 東 南	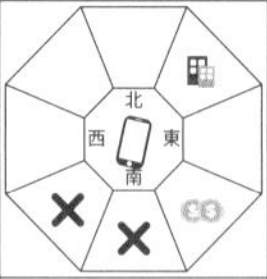 北 西 東 南	 北 西 東 南	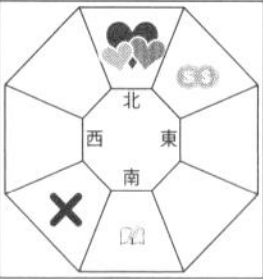 北 西 東 南
13 日 土 丁未	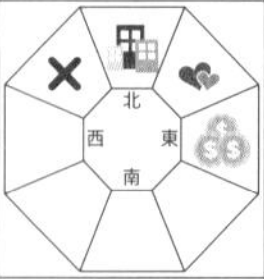 北 西 東 南	 北 西 東 南	 北 西 東 南	 北 西 東 南	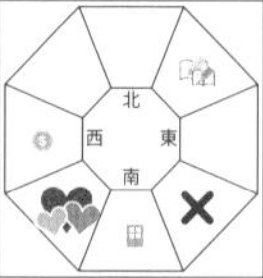 北 西 東 南
14 日 日 戊申	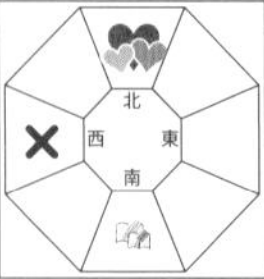 北 西 東 南	 北 西 東 南	 北 西 東 南	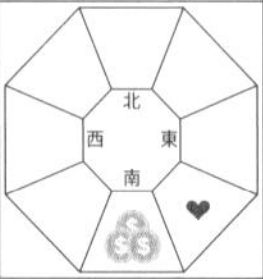 北 西 東 南	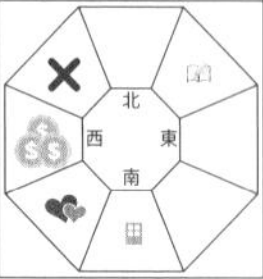 北 西 東 南

金運　恋愛運　凶　告知

仕事運　能力 UP　注意

午時 11時～13時	未時 13時～15時	申時 15時～17時	酉時 17時～19時	戌時 19時～21時	亥時 21時～23時
北 西 東 南	北 西 東 南	北 西 東 南	北 西 東 南	北 西 東 南	北 西 東 南
北 西 東 南	北 西 東 南	北 西 東 南	北 西 東 南	北 西 東 南	北 西 東 南
北 西 東 南	北 西 東 南	北 西 東 南	北 西 東 南	北 西 東 南	北 西 東 南
北 西 東 南	北 西 東 南	北 西 東 南	北 西 東 南	北 西 東 南	北 西 東 南
北 西 東 南	北 西 東 南	北 西 東 南	北 西 東 南	北 西 東 南	北 西 東 南
北 西 東 南	北 西 東 南	北 西 東 南	北 西 東 南	北 西 東 南	北 西 東 南
北 西 東 南	北 西 東 南	北 西 東 南	北 西 東 南	北 西 東 南	北 西 東 南

金運　恋愛運　凶　告知

仕事運　能力UP　注意

4月 April 戊辰月 穀雨 4/19 23：00 ♉ 牡牛座 in

	丑時 1時～3時	寅時 3時～5時	卯時 5時～7時	辰時 7時～9時	巳時 9時～11時
15日 月 己酉					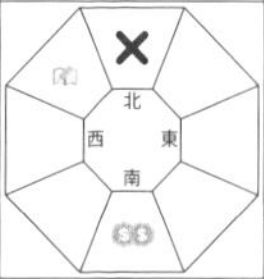
16日 火 庚戌 土用 21：20	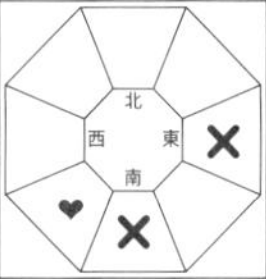		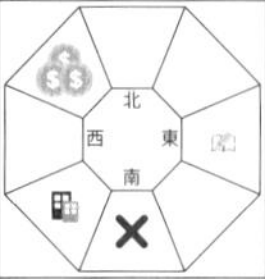	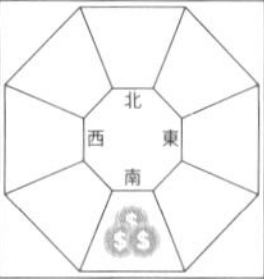	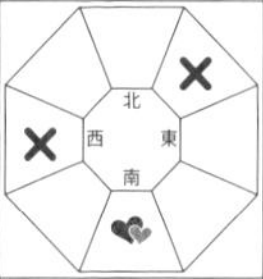
17日 水 辛亥	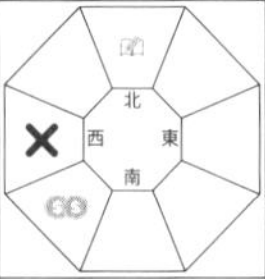		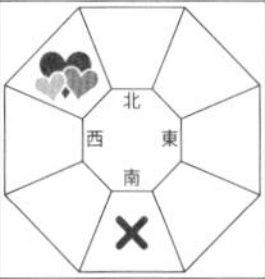		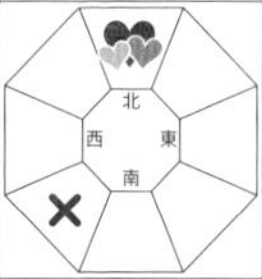
18日 木 壬子	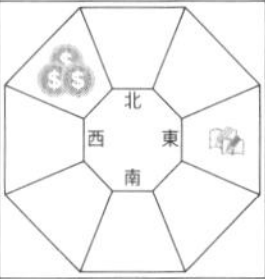	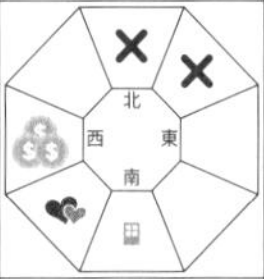	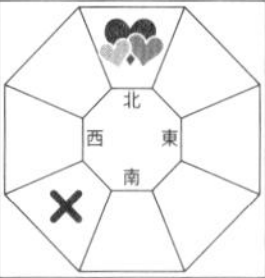	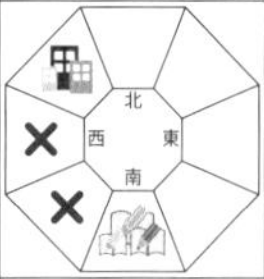	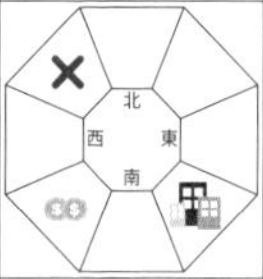
19日 金 癸丑 穀雨 23：00	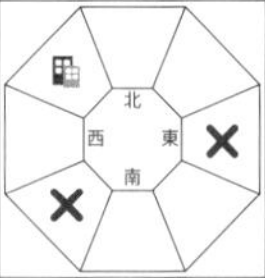	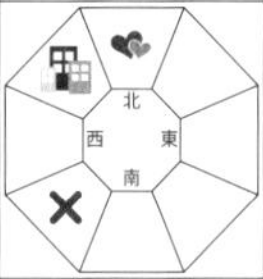	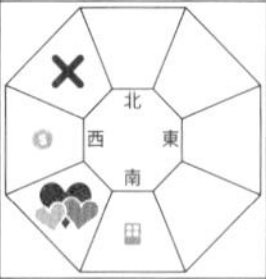	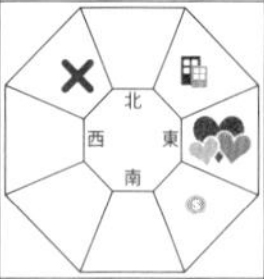	
20日 土 甲寅	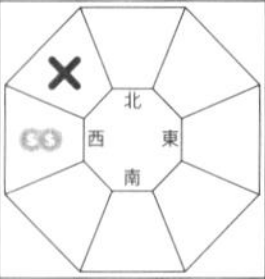	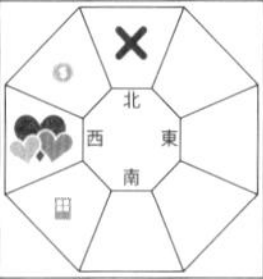		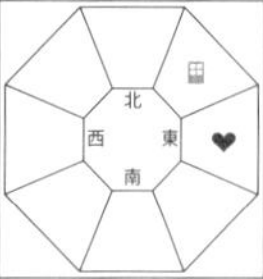	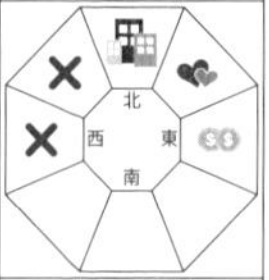
21日 日 乙卯				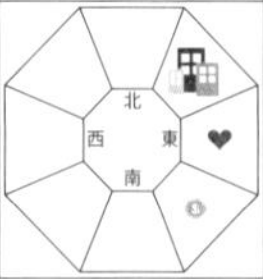	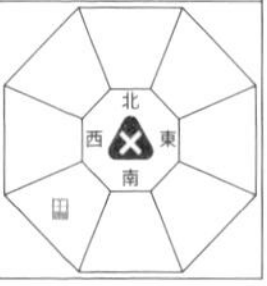

金運　恋愛運　凶　告知

仕事運　能力UP　注意

午時 11 時～ 13 時	未時 13 時～ 15 時	申時 15 時～ 17 時	酉時 17 時～ 19 時	戌時 19 時～ 21 時	亥時 21 時～ 23 時
北 西 東 南	北 西 東 南	北 西 東 南	北 西 東 南	北 西 東 南	北 西 東 南
北 西 東 南	北 西 東 南	北 西 東 南	北 西 東 南	北 西 東 南	北 西 東 南
北 西 東 南	北 西 東 南	北 西 東 南	北 西 東 南	北 西 東 南	北 西 東 南
北 西 東 南	北 西 東 南	北 西 東 南	北 西 東 南	北 西 東 南	北 西 東 南
北 西 東 南	北 西 東 南	北 西 東 南	北 西 東 南	北 西 東 南	北 西 東 南
北 西 東 南	北 西 東 南	北 西 東 南	北 西 東 南	北 西 東 南	北 西 東 南
北 西 東 南	北 西 東 南	北 西 東 南	北 西 東 南	北 西 東 南	北 西 東 南

金運　恋愛運　凶　告知

仕事運　能力 UP　注意

4 月 April 戊辰月

	丑時 1 時～ 3 時	寅時 3 時～ 5 時	卯時 5 時～ 7 時	辰時 7 時～ 9 時	巳時 9 時～ 11 時
22 日 月 丙辰					
23 日 火 丁巳					
24 日 水 戊午 満月 8：49					
25 日 木 己未					
26 日 金 庚申					
27 日 土 辛酉					
28 日 日 壬戌					

金運 恋愛運 凶 告知

仕事運 能力 UP 注意

午時 11時～13時	未時 13時～15時	申時 15時～17時	酉時 17時～19時	戌時 19時～21時	亥時 21時～23時
北 西 東 南	北 西 東 南	北 西 東 南	北 西 東 南	北 西 東 南	北 西 東 南
北 西 東 南	北 西 東 南	北 西 東 南	北 西 東 南	北 西 東 南	北 西 東 南
北 西 東 南	北 西 東 南	北 西 東 南	北 西 東 南	北 西 東 南	北 西 東 南
北 西 東 南	北 西 東 南	北 西 東 南	北 西 東 南	北 西 東 南	北 西 東 南
北 西 東 南	北 西 東 南	北 西 東 南	北 西 東 南	北 西 東 南	北 西 東 南
北 西 東 南	北 西 東 南	北 西 東 南	北 西 東 南	北 西 東 南	北 西 東 南
北 西 東 南	北 西 東 南	北 西 東 南	北 西 東 南	北 西 東 南	北 西 東 南

金運　恋愛運　凶　告知

仕事運　能力 UP　注意

4 月 / 5 月 May 己巳月 節入り 5/5 9：10

	丑時 1 時～ 3 時	寅時 3 時～ 5 時	卯時 5 時～ 7 時	辰時 7 時～ 9 時	巳時 9 時～ 11 時
29 日 月 癸亥 昭和の日	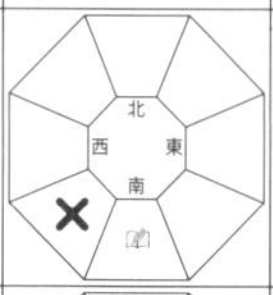 北 西 東 南	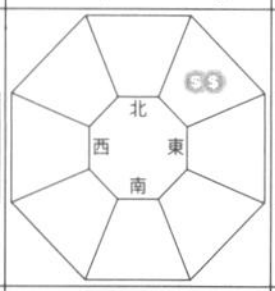 北 西 東 南	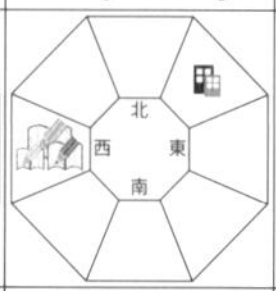 北 西 東 南	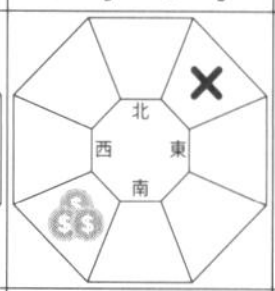 北 西 東 南	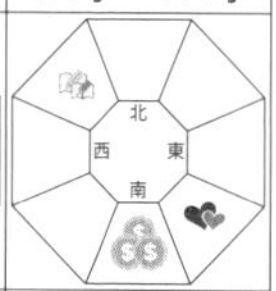 北 西 東 南
30 日 火 甲子	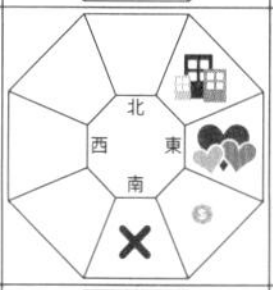 北 西 東 南	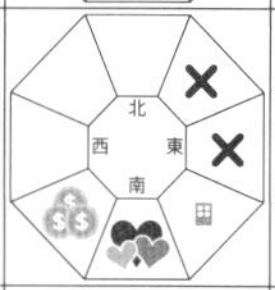 北 西 東 南	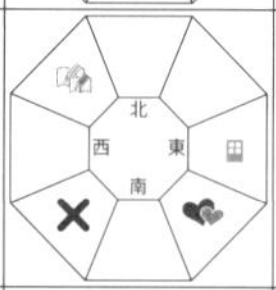 北 西 東 南	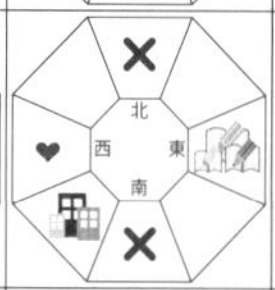 北 西 東 南	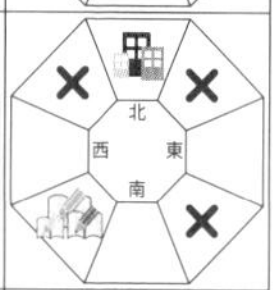 北 西 東 南
1 日 水 乙丑	 北 西 東 南	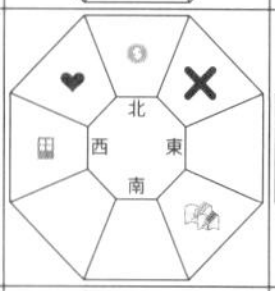 北 西 東 南	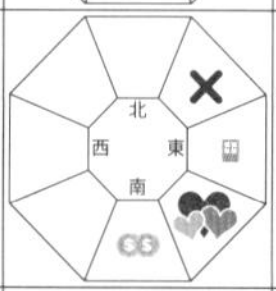 北 西 東 南	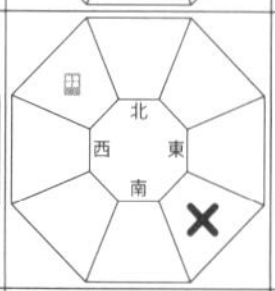 北 西 東 南	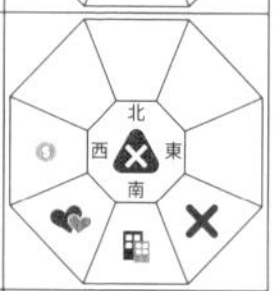 北 西 東 南
2 日 木 丙寅	 北 西 東 南	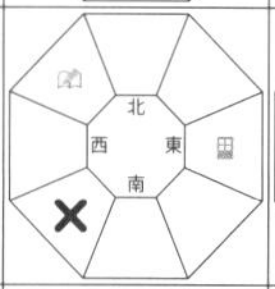 北 西 東 南	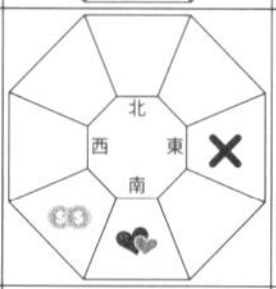 北 西 東 南	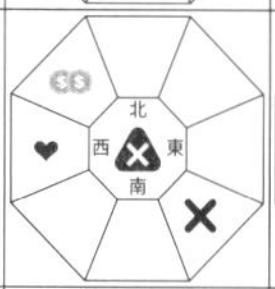 北 西 東 南	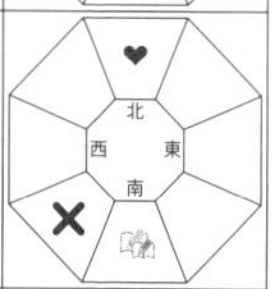 北 西 東 南
3 日 金 丁卯 憲法記念日	 北 西 東 南	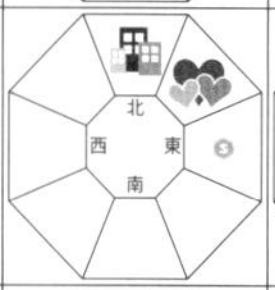 北 西 東 南	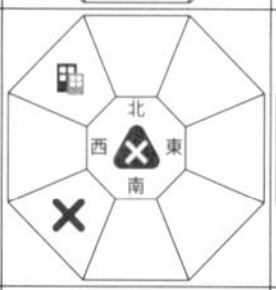 北 西 東 南	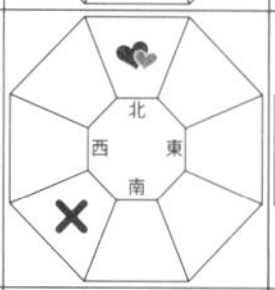 北 西 東 南	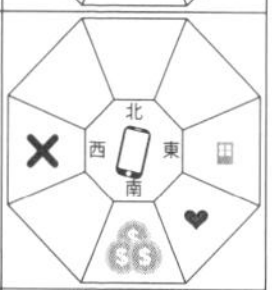 北 西 東 南
4 日 土 戊辰 みどりの日	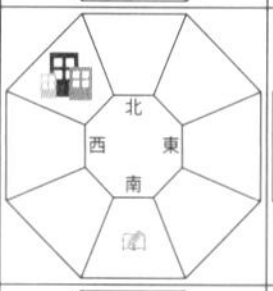 北 西 東 南	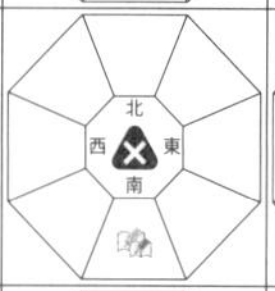 北 西 東 南	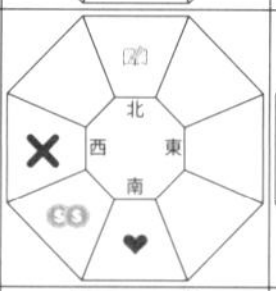 北 西 東 南	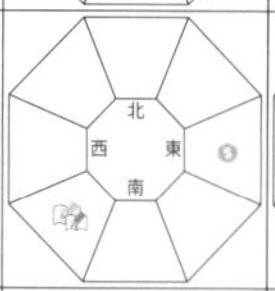 北 西 東 南	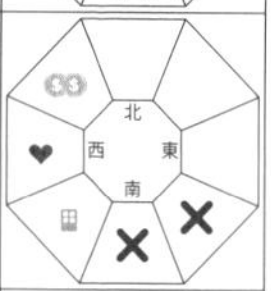 北 西 東 南
5 日 日 己巳 こどもの日 立夏 9：10	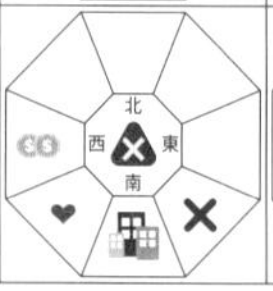 北 西 東 南	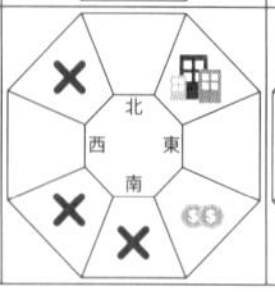 北 西 東 南	 北 西 東 南	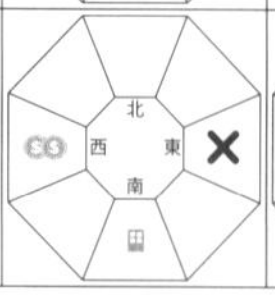 北 西 東 南	 北 西 東 南

金運　恋愛運　凶　告知
仕事運　能力 UP　注意

午時 11 時～ 13 時	未時 13 時～ 15 時	申時 15 時～ 17 時	酉時 17 時～ 19 時	戌時 19 時～ 21 時	亥時 21 時～ 23 時
北 西 東 南	北 西 東 南	北 西 東 南	北 西 東 南	北 西 東 南	北 西 東 南
北 西 東 南	北 西 東 南	北 西 東 南	北 西 東 南	北 西 東 南	北 西 東 南
北 西 東 南	北 西 東 南	北 西 東 南	北 西 東 南	北 西 東 南	北 西 東 南
北 西 東 南	北 西 東 南	北 西 東 南	北 西 東 南	北 西 東 南	北 西 東 南
北 西 東 南	北 西 東 南	北 西 東 南	北 西 東 南	北 西 東 南	北 西 東 南
北 西 東 南	北 西 東 南	北 西 東 南	北 西 東 南	北 西 東 南	北 西 東 南
北 西 東 南	北 西 東 南	北 西 東 南	北 西 東 南	北 西 東 南	北 西 東 南

金運　恋愛運　凶　告知

仕事運　能力 UP　注意

5月 May 己巳月

	丑時 1時～3時	寅時 3時～5時	卯時 5時～7時	辰時 7時～9時	巳時 9時～11時
6日 月 庚午 休日	北 西 東 南	北 西 東 南	北 西 東 南	北 西 東 南	北 西 東 南
7日 火 辛未	北 西 東 南	北 西 東 南	北 西 東 南	北 西 東 南	北 西 東 南
8日 水 壬申 新月 12：22	北 西 東 南	北 西 東 南	北 西 東 南	北 西 東 南	北 西 東 南
9日 木 癸酉	北 西 東 南	北 西 東 南	北 西 東 南	北 西 東 南	北 西 東 南
10日 金 甲戌	北 西 東 南	北 西 東 南	北 西 東 南	北 西 東 南	北 西 東 南
11日 土 乙亥	北 西 東 南	北 西 東 南	北 西 東 南	北 西 東 南	北 西 東 南
12日 日 丙子	北 西 東 南	北 西 東 南	北 西 東 南	北 西 東 南	北 西 東 南

金運　恋愛運　凶　告知

仕事運　能力 UP　注意

午時 11時～13時	未時 13時～15時	申時 15時～17時	酉時 17時～19時	戌時 19時～21時	亥時 21時～23時
北 西 東 南	北 西 東 南	北 西 東 南	北 西 東 南	北 西 東 南	北 西 東 南
北 西 東 南	北 西 東 南	北 西 東 南	北 西 東 南	北 西 東 南	北 西 東 南
北 西 東 南	北 西 東 南	北 西 東 南	北 西 東 南	北 西 東 南	北 西 東 南
北 西 東 南	北 西 東 南	北 西 東 南	北 西 東 南	北 西 東 南	北 西 東 南
北 西 東 南	北 西 東 南	北 西 東 南	北 西 東 南	北 西 東 南	北 西 東 南
北 西 東 南	北 西 東 南	北 西 東 南	北 西 東 南	北 西 東 南	北 西 東 南
北 西 東 南	北 西 東 南	北 西 東 南	北 西 東 南	北 西 東 南	北 西 東 南

金運　恋愛運　凶　告知

仕事運　能力UP　注意

5月 May 己巳月

	丑時 1時～3時	寅時 3時～5時	卯時 5時～7時	辰時 7時～9時	巳時 9時～11時
13日 月 丁丑				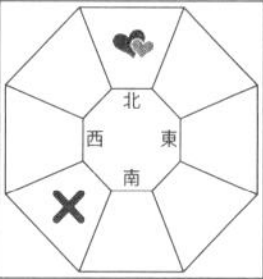	
14日 火 戊寅			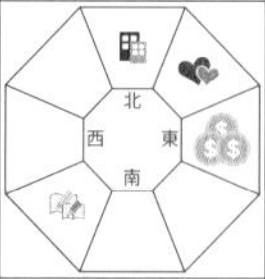		
15日 水 己卯					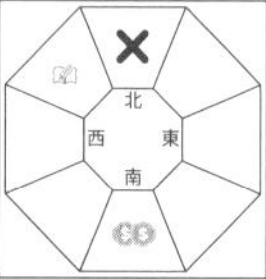
16日 木 庚辰		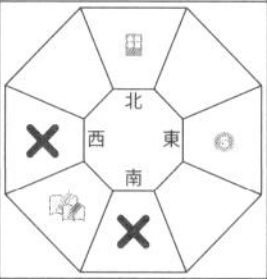	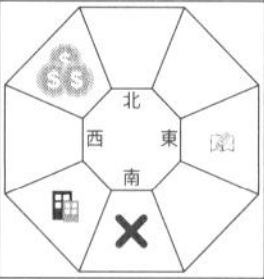	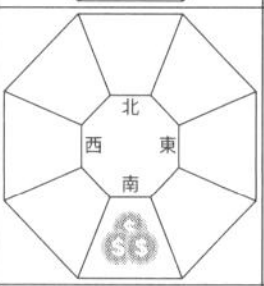	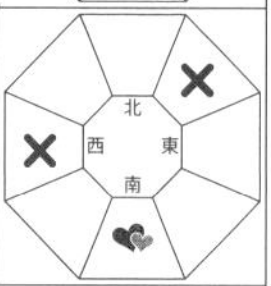
17日 金 辛巳	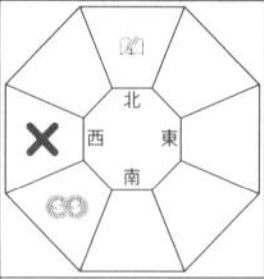		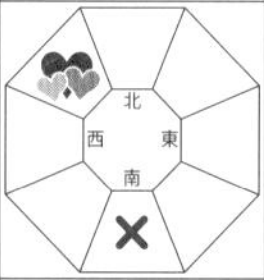		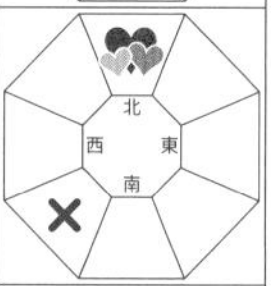
18日 土 壬午	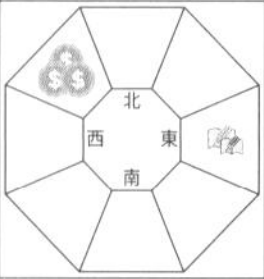		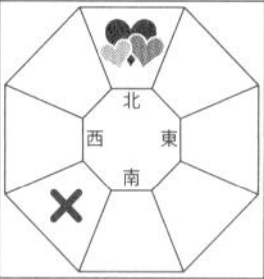	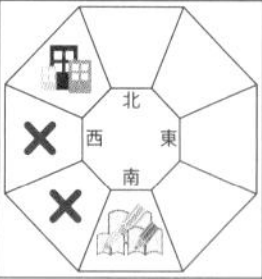	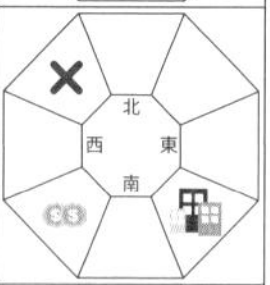
19日 日 癸未		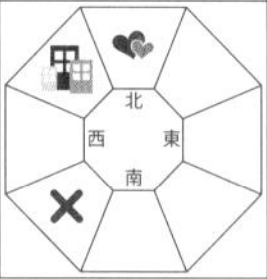	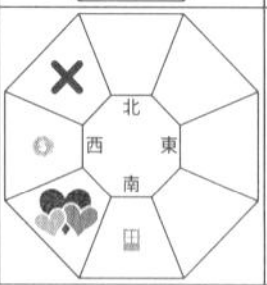	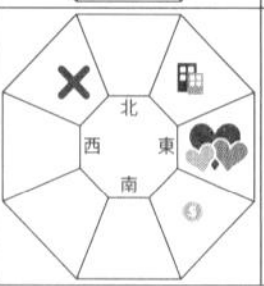	

金運　恋愛運　凶　告知
仕事運　能力UP　注意

午時 11 時～ 13 時	未時 13 時～ 15 時	申時 15 時～ 17 時	酉時 17 時～ 19 時	戌時 19 時～ 21 時	亥時 21 時～ 23 時
北 西 東 南	北 西 東 南	北 西 東 南	北 西 東 南	北 西 東 南	北 西 東 南
北 西 東 南	北 西 東 南	北 西 東 南	北 西 東 南	北 西 東 南	北 西 東 南
北 西 東 南	北 西 東 南	北 西 東 南	北 西 東 南	北 西 東 南	北 西 東 南
北 西 東 南	北 西 東 南	北 西 東 南	北 西 東 南	北 西 東 南	北 西 東 南
北 西 東 南	北 西 東 南	北 西 東 南	北 西 東 南	北 西 東 南	北 西 東 南
北 西 東 南	北 西 東 南	北 西 東 南	北 西 東 南	北 西 東 南	北 西 東 南
北 西 東 南	北 西 東 南	北 西 東 南	北 西 東 南	北 西 東 南	北 西 東 南

金運　　恋愛運　　凶　　告知

仕事運　　能力 UP　　注意

5 月 May　己巳月

小満 5/20　21：59　♊ 双子座 in

	丑時 1 時～ 3 時	寅時 3 時～ 5 時	卯時 5 時～ 7 時	辰時 7 時～ 9 時	巳時 9 時～ 11 時
20 日　月 甲申 小満 21：59					
21 日　火 乙酉					
22 日　水 丙戌					
23 日　木 丁亥 満月 22：53					
24 日　金 戊子					
25 日　土 己丑					
26 日　日 庚寅					

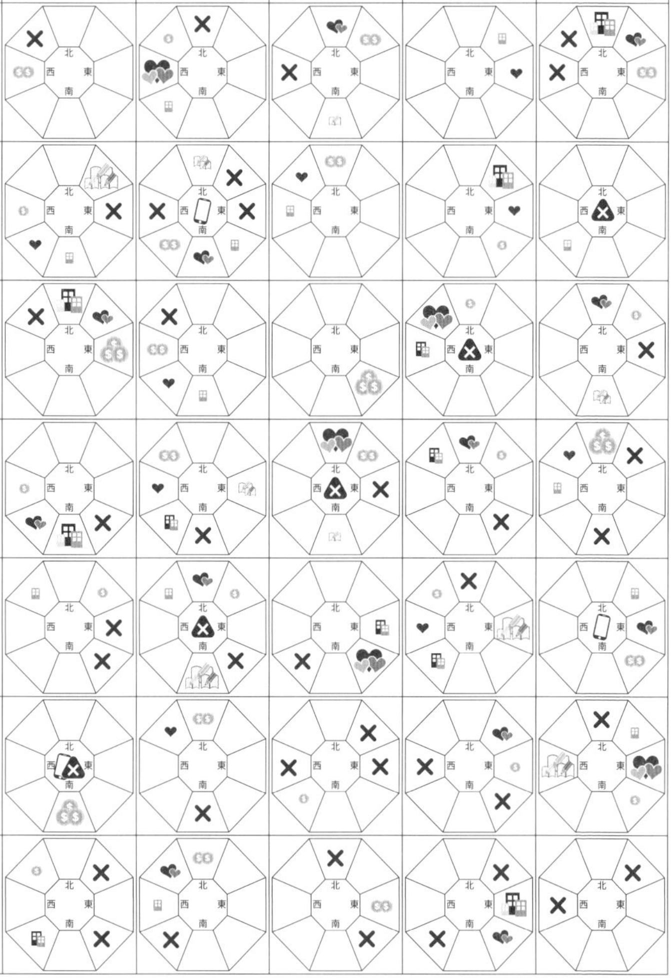

金運　恋愛運　凶　告知

仕事運　能力 UP　注意

午時 11時～13時	未時 13時～15時	申時 15時～17時	酉時 17時～19時	戌時 19時～21時	亥時 21時～23時
北 西 東 南	北 西 東 南	北 西 東 南	北 西 東 南	北 西 東 南	北 西 東 南
北 西 東 南	北 西 東 南	北 西 東 南	北 西 東 南	北 西 東 南	北 西 東 南
北 西 東 南	北 西 東 南	北 西 東 南	北 西 東 南	北 西 東 南	北 西 東 南
北 西 東 南	北 西 東 南	北 西 東 南	北 西 東 南	北 西 東 南	北 西 東 南
北 西 東 南	北 西 東 南	北 西 東 南	北 西 東 南	北 西 東 南	北 西 東 南
北 西 東 南	北 西 東 南	北 西 東 南	北 西 東 南	北 西 東 南	北 西 東 南
北 西 東 南	北 西 東 南	北 西 東 南	北 西 東 南	北 西 東 南	北 西 東 南

金運　恋愛運　凶　告知

仕事運　能力UP　注意

5月 / 6月 June　庚午月　節入り 6/5　13：10

	丑時 1時～3時	寅時 3時～5時	卯時 5時～7時	辰時 7時～9時	巳時 9時～11時
27日　月 辛卯	北 西 東 南	北 西 東 南	北 西 東 南	北 西 東 南	北 西 東 南
28日　火 壬辰	北 西 東 南	北 西 東 南	北 西 東 南	北 西 東 南	北 西 東 南
29日　水 癸巳	北 西 東 南	北 西 東 南	北 西 東 南	北 西 東 南	北 西 東 南
30日　木 甲午	北 西 東 南	北 西 東 南	北 西 東 南	北 西 東 南	北 西 東 南
31日　金 乙未	北 西 東 南	北 西 東 南	北 西 東 南	北 西 東 南	北 西 東 南
1日　土 丙申	北 西 東 南	北 西 東 南	北 西 東 南	北 西 東 南	北 西 東 南
2日　日 丁酉	北 西 東 南	北 西 東 南	北 西 東 南	北 西 東 南	北 西 東 南

金運　　恋愛運　　凶　　告知
仕事運　　能力 UP　　注意

午時 11 時～ 13 時	未時 13 時～ 15 時	申時 15 時～ 17 時	酉時 17 時～ 19 時	戌時 19 時～ 21 時	亥時 21 時～ 23 時
北 西 東 南	北 西 東 南	北 西 東 南	北 西 東 南	北 西 東 南	北 西 東 南
北 西 東 南	北 西 東 南	北 西 東 南	北 西 東 南	北 西 東 南	北 西 東 南
北 西 東 南	北 西 東 南	北 西 東 南	北 西 東 南	北 西 東 南	北 西 東 南
北 西 東 南	北 西 東 南	北 西 東 南	北 西 東 南	北 西 東 南	北 西 東 南
北 西 東 南	北 西 東 南	北 西 東 南	北 西 東 南	北 西 東 南	北 西 東 南
北 西 東 南	北 西 東 南	北 西 東 南	北 西 東 南	北 西 東 南	北 西 東 南
北 西 東 南	北 西 東 南	北 西 東 南	北 西 東 南	北 西 東 南	北 西 東 南

金運　　恋愛運　　凶　　告知

仕事運　　能力 UP　　注意

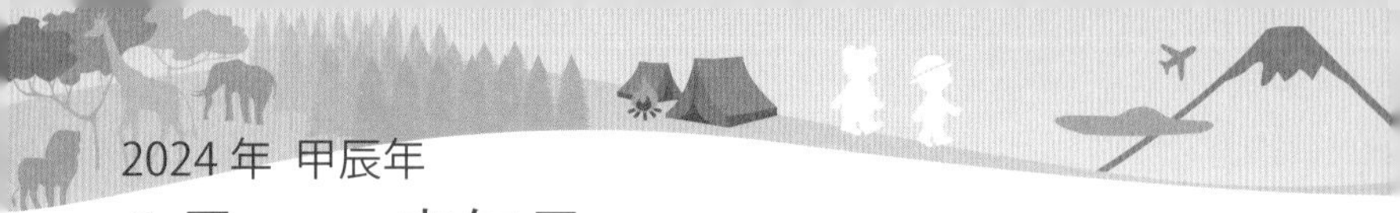

2024年 甲辰年

6月 June 庚午月 節入り 6/5 13：10

	丑時 1時～3時	寅時 3時～5時	卯時 5時～7時	辰時 7時～9時	巳時 9時～11時
3日 月 戊戌	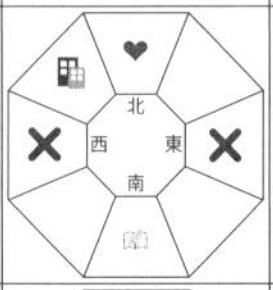北 西 東 南	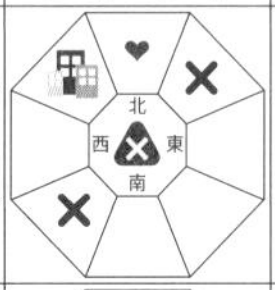北 西 東 南	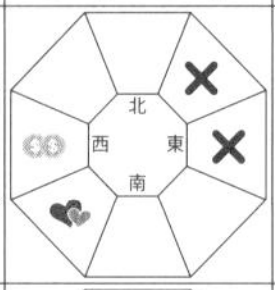北 西 東 南	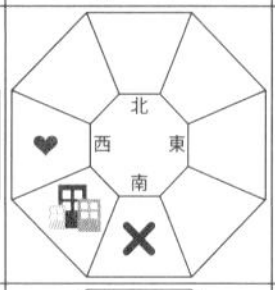北 西 東 南	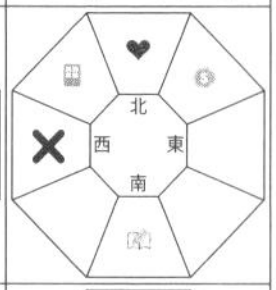北 西 東 南
4日 火 己亥	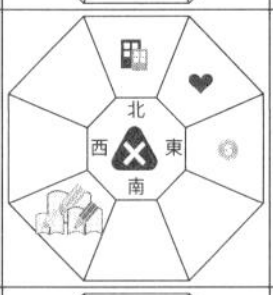北 西 東 南	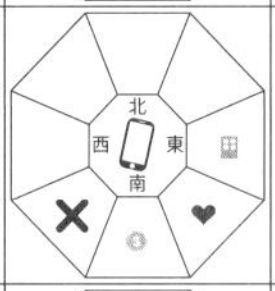北 西 東 南	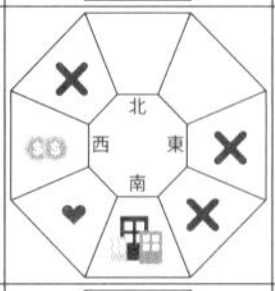北 西 東 南	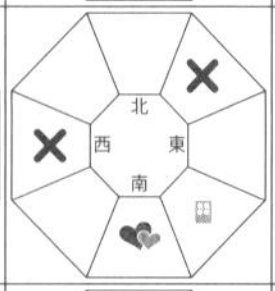北 西 東 南	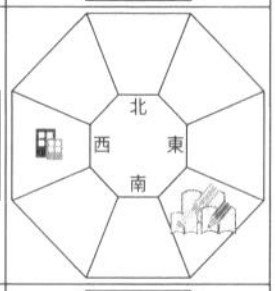北 西 東 南
5日 水 庚子 芒種 13：10	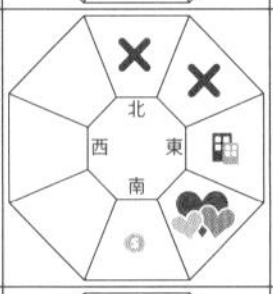北 西 東 南	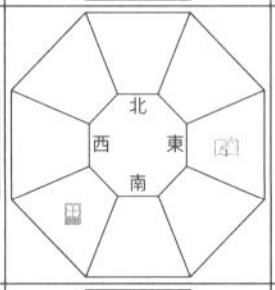北 西 東 南	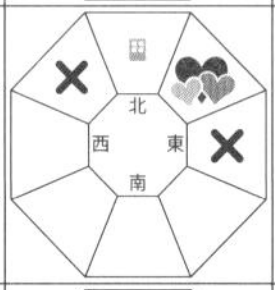北 西 東 南	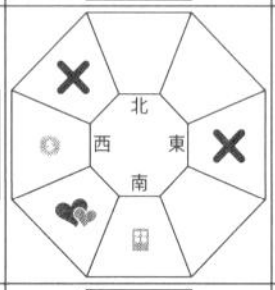北 西 東 南	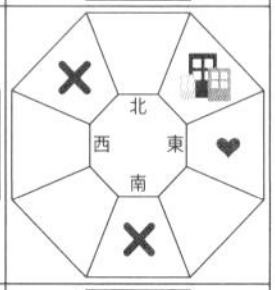北 西 東 南
6日 木 辛丑 新月 21：38	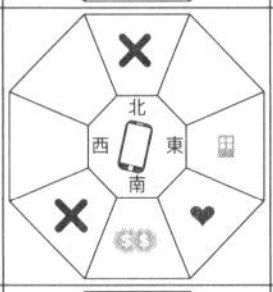北 西 東 南	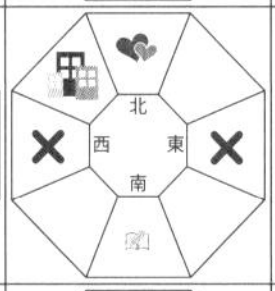北 西 東 南	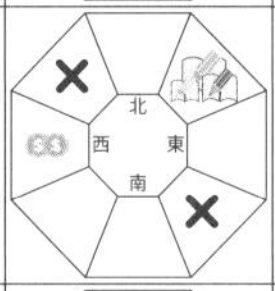北 西 東 南	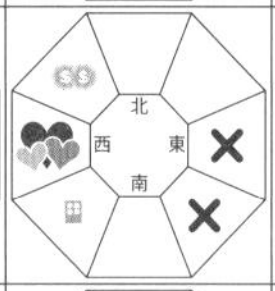北 西 東 南	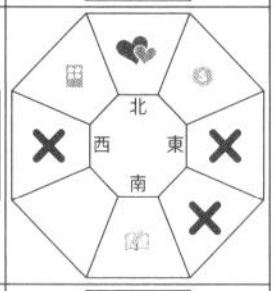北 西 東 南
7日 金 壬寅	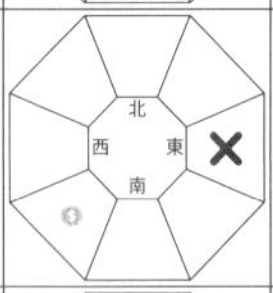北 西 東 南	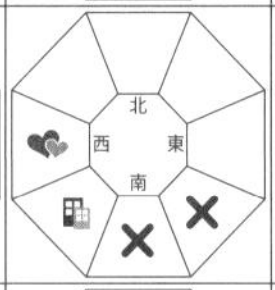北 西 東 南	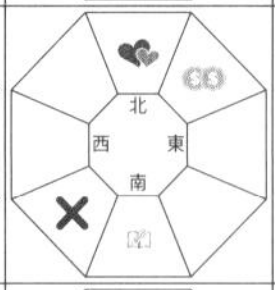北 西 東 南	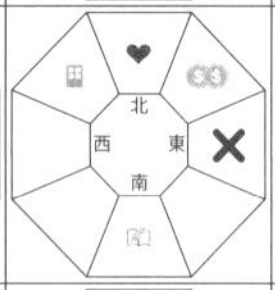北 西 東 南	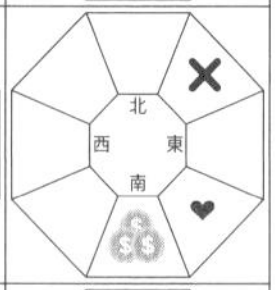北 西 東 南
8日 土 癸卯	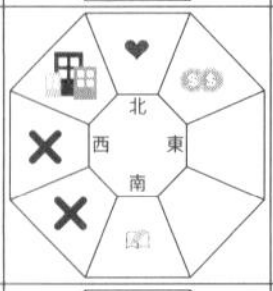北 西 東 南	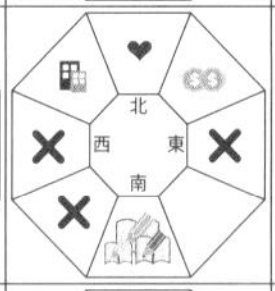北 西 東 南	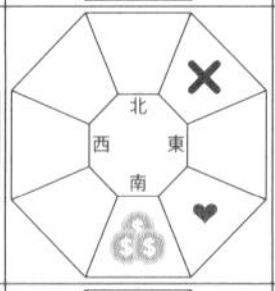北 西 東 南	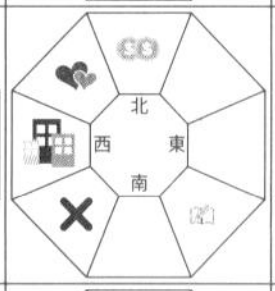北 西 東 南	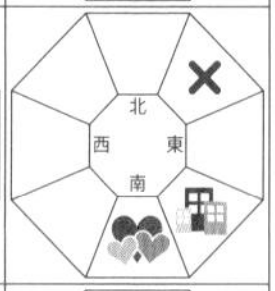北 西 東 南
9日 日 甲辰	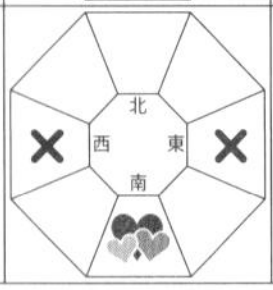北 西 東 南	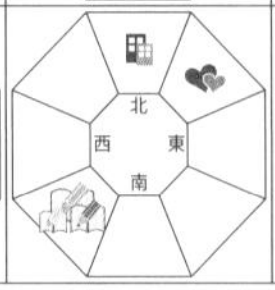北 西 東 南	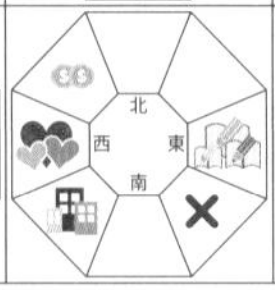北 西 東 南	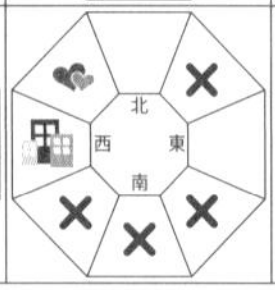北 西 東 南	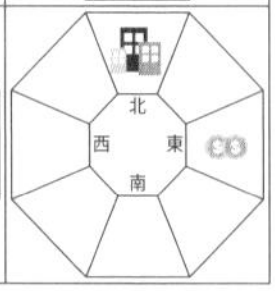北 西 東 南

金運　恋愛運　凶 ×　告知
仕事運　能力 UP　注意

午時 11時～13時	未時 13時～15時	申時 15時～17時	酉時 17時～19時	戌時 19時～21時	亥時 21時～23時
北 西 東 南	北 西 東 南	北 西 東 南	北 西 東 南	北 西 東 南	北 西 東 南
北 西 東 南	北 西 東 南	北 西 東 南	北 西 東 南	北 西 東 南	北 西 東 南
北 西 東 南	北 西 東 南	北 西 東 南	北 西 東 南	北 西 東 南	北 西 東 南
北 西 東 南	北 西 東 南	北 西 東 南	北 西 東 南	北 西 東 南	北 西 東 南
北 西 東 南	北 西 東 南	北 西 東 南	北 西 東 南	北 西 東 南	北 西 東 南
北 西 東 南	北 西 東 南	北 西 東 南	北 西 東 南	北 西 東 南	北 西 東 南
北 西 東 南	北 西 東 南	北 西 東 南	北 西 東 南	北 西 東 南	北 西 東 南

金運　恋愛運　凶　告知

仕事運　能力 UP　注意

2024年 甲辰年

6月 June 庚午月

	丑時 1時～3時	寅時 3時～5時	卯時 5時～7時	辰時 7時～9時	巳時 9時～11時
10日 月 乙巳	北 西 東 南	北 西 東 南	北 西 東 南	北 西 東 南	北 西 東 南
11日 火 丙午	北 西 東 南	北 西 東 南	北 西 東 南	北 西 東 南	北 西 東 南
12日 水 丁未	北 西 東 南	北 西 東 南	北 西 東 南	北 西 東 南	北 西 東 南
13日 木 戊申	北 西 東 南	北 西 東 南	北 西 東 南	北 西 東 南	北 西 東 南
14日 金 己酉	北 西 東 南	北 西 東 南	北 西 東 南	北 西 東 南	北 西 東 南
15日 土 庚戌	北 西 東 南	北 西 東 南	北 西 東 南	北 西 東 南	北 西 東 南
16日 日 辛亥	北 西 東 南	北 西 東 南	北 西 東 南	北 西 東 南	北 西 東 南

金運　恋愛運　凶　告知

仕事運　能力 UP　注意

午時 11 時〜 13 時	未時 13 時〜 15 時	申時 15 時〜 17 時	酉時 17 時〜 19 時	戌時 19 時〜 21 時	亥時 21 時〜 23 時
北 西 東 南	北 西 東 南	北 西 東 南	北 西 東 南	北 西 東 南	北 西 東 南
北 西 東 南	北 西 東 南	北 西 東 南	北 西 東 南	北 西 東 南	北 西 東 南
北 西 東 南	北 西 東 南	北 西 東 南	北 西 東 南	北 西 東 南	北 西 東 南
北 西 東 南	北 西 東 南	北 西 東 南	北 西 東 南	北 西 東 南	北 西 東 南
北 西 東 南	北 西 東 南	北 西 東 南	北 西 東 南	北 西 東 南	北 西 東 南
北 西 東 南	北 西 東 南	北 西 東 南	北 西 東 南	北 西 東 南	北 西 東 南
北 西 東 南	北 西 東 南	北 西 東 南	北 西 東 南	北 西 東 南	北 西 東 南

金運　恋愛運　凶　告知

仕事運　能力 UP　注意

6 月 June 庚午月 夏至 6/21 5：51 ♋蟹座 in

	丑時 1 時～3 時	寅時 3 時～5 時	卯時 5 時～7 時	辰時 7 時～9 時	巳時 9 時～11 時
17 日 月 壬子	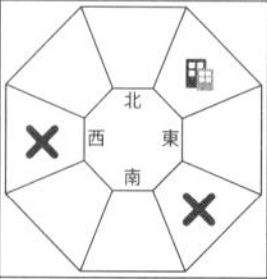 北 西 東 南	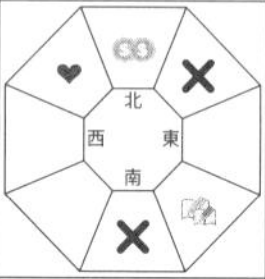 北 西 東 南	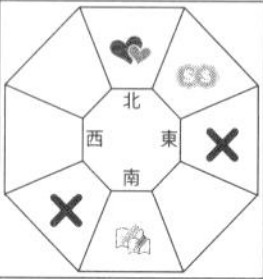 北 西 東 南	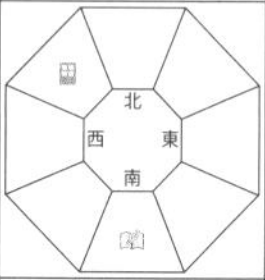 北 西 東 南	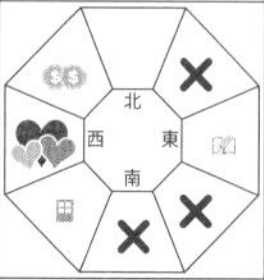 北 西 東 南
18 日 火 癸丑	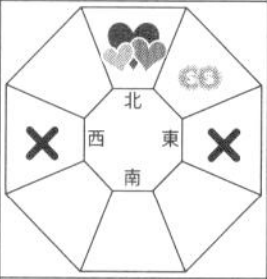 北 西 東 南	 北 西 東 南	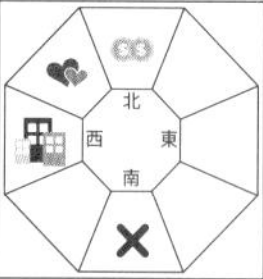 北 西 東 南	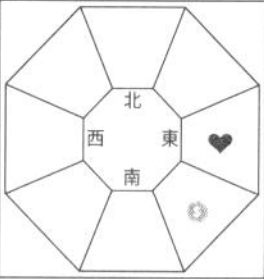 北 西 東 南	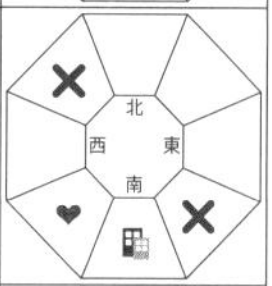 北 西 東 南
19 日 水 甲寅	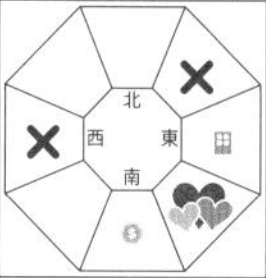 北 西 東 南	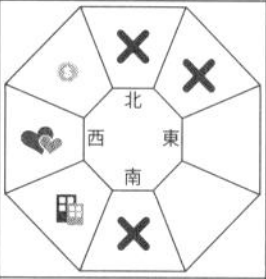 北 西 東 南	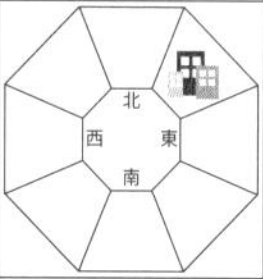 北 西 東 南	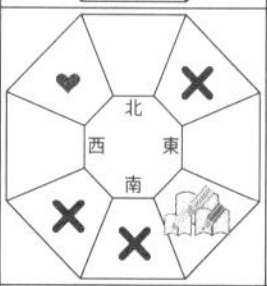 北 西 東 南	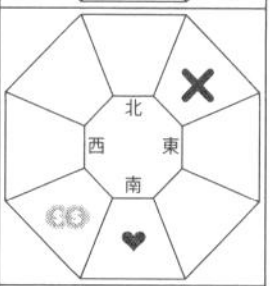 北 西 東 南
20 日 木 乙卯	 北 西 東 南	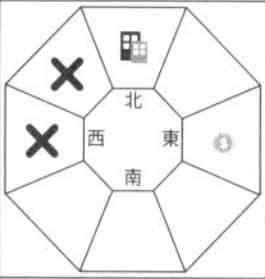 北 西 東 南	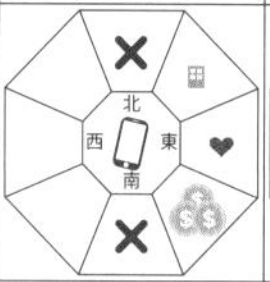 北 西 東 南	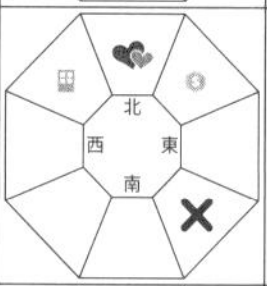 北 西 東 南	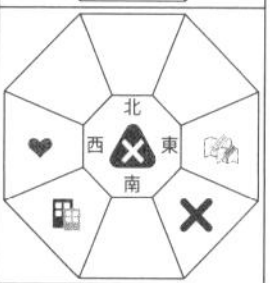 北 西 東 南
21 日 金 丙辰 夏至 5：51	 北 西 東 南	 北 西 東 南	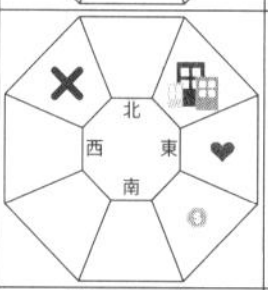 北 西 東 南	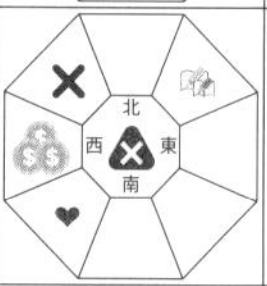 北 西 東 南	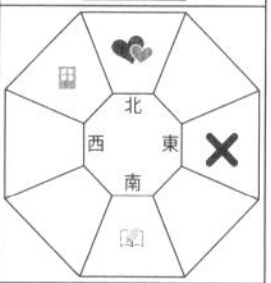 北 西 東 南
22 日 土 丁巳 満月 10：08	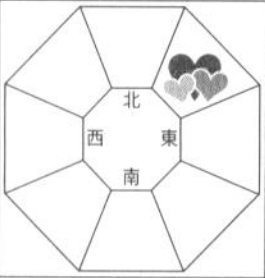 北 西 東 南	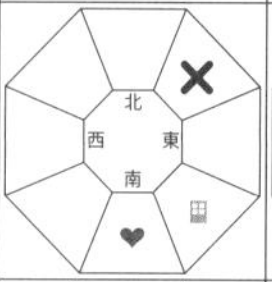 北 西 東 南	 北 西 東 南	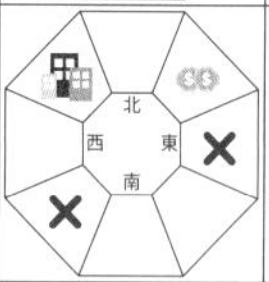 北 西 東 南	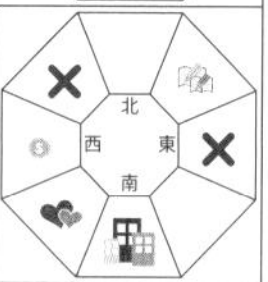 北 西 東 南
23 日 日 戊午	 北 西 東 南	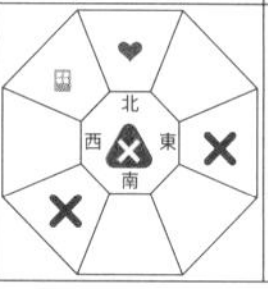 北 西 東 南	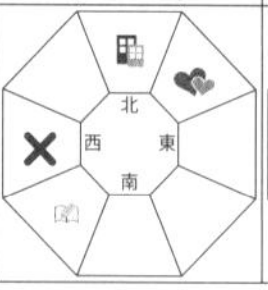 北 西 東 南	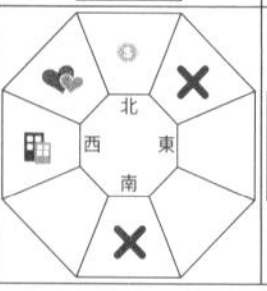 北 西 東 南	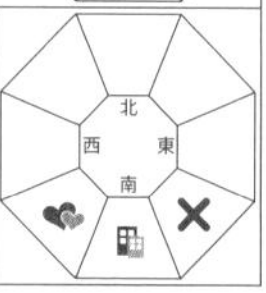 北 西 東 南

金運　恋愛運　凶　告知
仕事運　能力 UP　注意

午時 11時～13時	未時 13時～15時	申時 15時～17時	酉時 17時～19時	戌時 19時～21時	亥時 21時～23時
北 西 東 南	北 西 東 南	北 西 東 南	北 西 東 南	北 西 東 南	北 西 東 南
北 西 東 南	北 西 東 南	北 西 東 南	北 西 東 南	北 西 東 南	北 西 東 南
北 西 東 南	北 西 東 南	北 西 東 南	北 西 東 南	北 西 東 南	北 西 東 南
北 西 東 南	北 西 東 南	北 西 東 南	北 西 東 南	北 西 東 南	北 西 東 南
北 西 東 南	北 西 東 南	北 西 東 南	北 西 東 南	北 西 東 南	北 西 東 南
北 西 東 南	北 西 東 南	北 西 東 南	北 西 東 南	北 西 東 南	北 西 東 南
北 西 東 南	北 西 東 南	北 西 東 南	北 西 東 南	北 西 東 南	北 西 東 南

金運　恋愛運　凶　告知
仕事運　能力UP　注意

6月 June 庚午月

	丑時 1時～3時	寅時 3時～5時	卯時 5時～7時	辰時 7時～9時	巳時 9時～11時
24日 月 己未	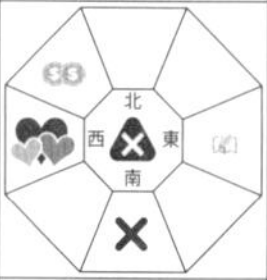 北 西 東 南	 北 西 東 南	 北 西 東 南	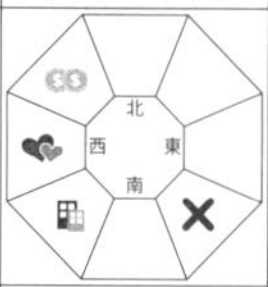 北 西 東 南	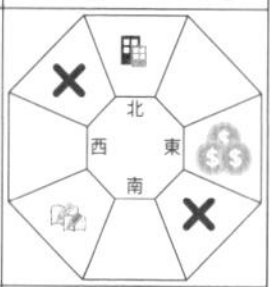 北 西 東 南
25日 火 庚申	 北 西 東 南	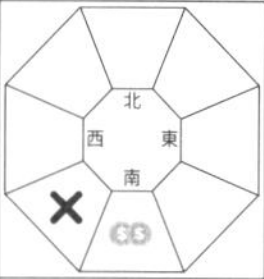 北 西 東 南	 北 西 東 南	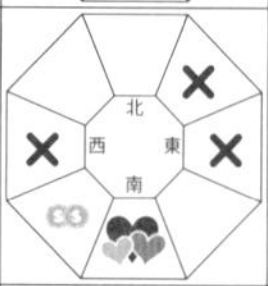 北 西 東 南	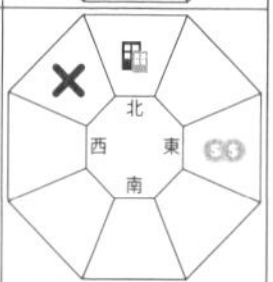 北 西 東 南
26日 水 辛酉	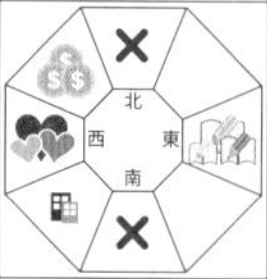 北 西 東 南	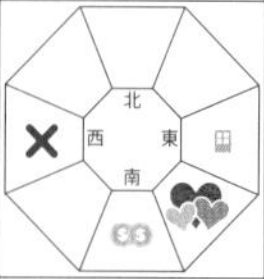 北 西 東 南	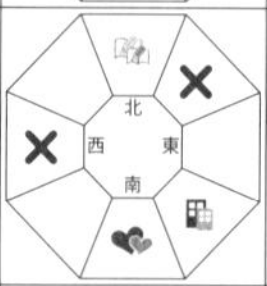 北 西 東 南	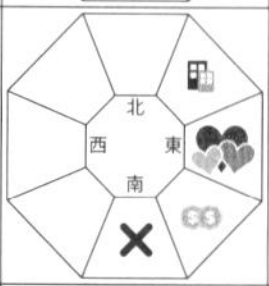 北 西 東 南	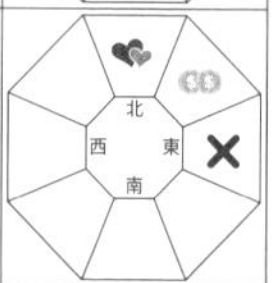 北 西 東 南
27日 木 壬戌	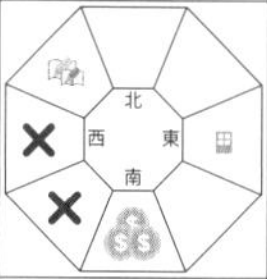 北 西 東 南	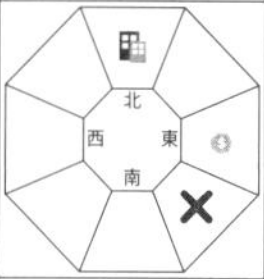 北 西 東 南	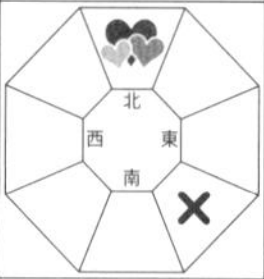 北 西 東 南	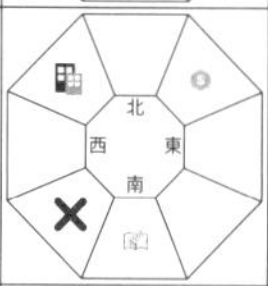 北 西 東 南	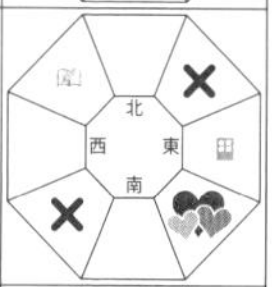 北 西 東 南
28日 金 癸亥	 北 西 東 南	 北 西 東 南	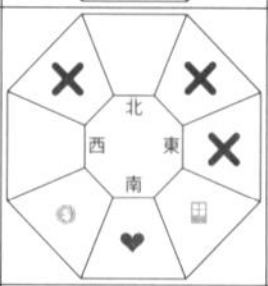 北 西 東 南	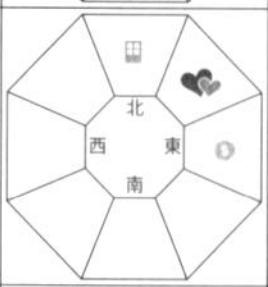 北 西 東 南	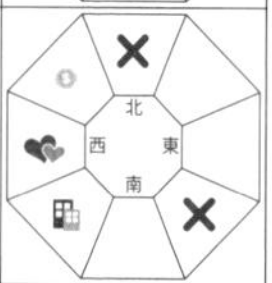 北 西 東 南
29日 土 甲子	 北 西 東 南	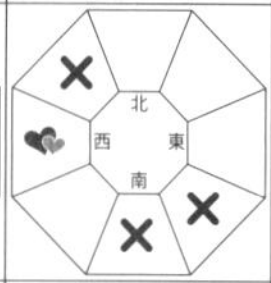 北 西 東 南	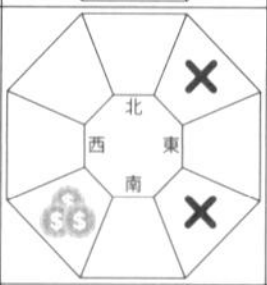 北 西 東 南	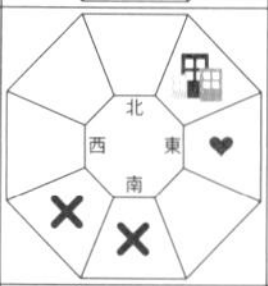 北 西 東 南	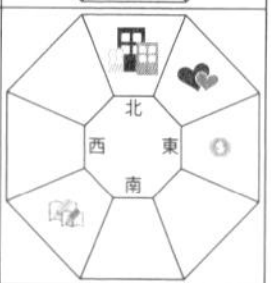 北 西 東 南
30日 日 乙丑	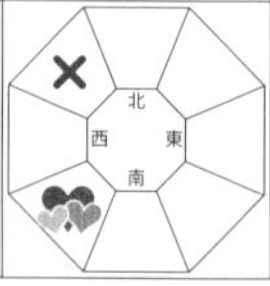 北 西 東 南	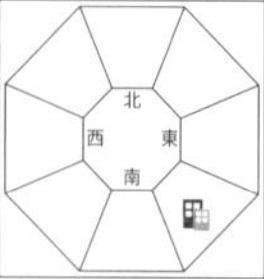 北 西 東 南	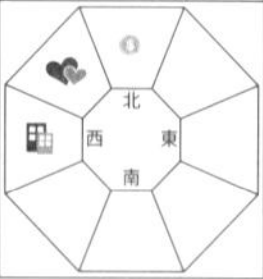 北 西 東 南	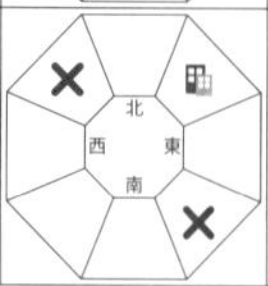 北 西 東 南	 北 西 東 南

金運　恋愛運　凶　告知

仕事運　能力 UP　注意

午時 11時～13時	未時 13時～15時	申時 15時～17時	酉時 17時～19時	戌時 19時～21時	亥時 21時～23時
北 西 東 南	北 西 東 南	北 西 東 南	北 西 東 南	北 西 東 南	北 西 東 南
北 西 東 南	北 西 東 南	北 西 東 南	北 西 東 南	北 西 東 南	北 西 東 南
北 西 東 南	北 西 東 南	北 西 東 南	北 西 東 南	北 西 東 南	北 西 東 南
北 西 東 南	北 西 東 南	北 西 東 南	北 西 東 南	北 西 東 南	北 西 東 南
北 西 東 南	北 西 東 南	北 西 東 南	北 西 東 南	北 西 東 南	北 西 東 南
北 西 東 南	北 西 東 南	北 西 東 南	北 西 東 南	北 西 東 南	北 西 東 南
北 西 東 南	北 西 東 南	北 西 東 南	北 西 東 南	北 西 東 南	北 西 東 南

金運　恋愛運　凶　告知

仕事運　能力 UP　注意

2024年 甲辰年

7月 July 辛未月 節入り 7/6 23：20

	丑時 1時～3時	寅時 3時～5時	卯時 5時～7時	辰時 7時～9時	巳時 9時～11時
1日 月 丙寅	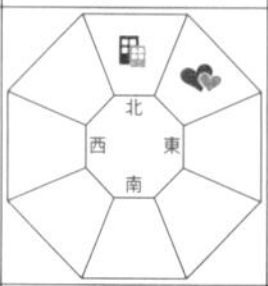		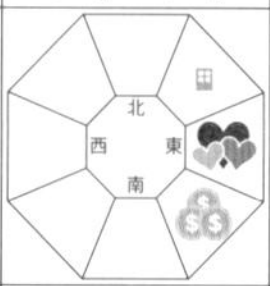		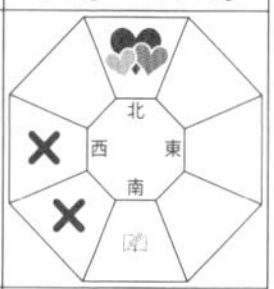
2日 火 丁卯					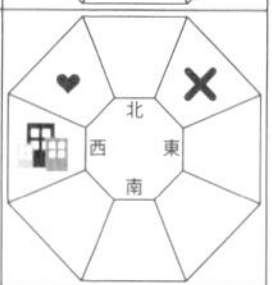
3日 水 戊辰	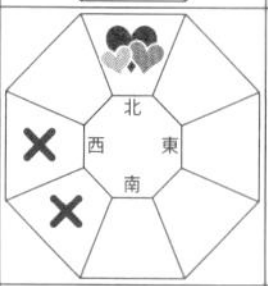				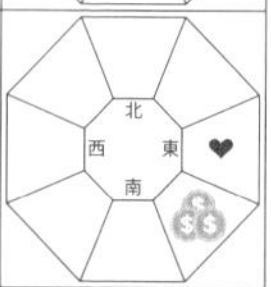
4日 木 己巳		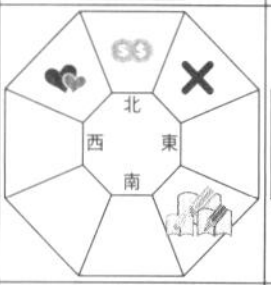	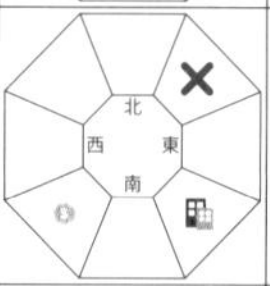	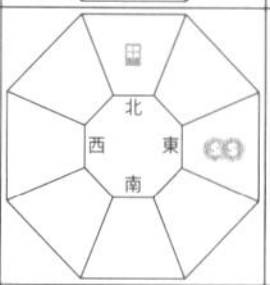	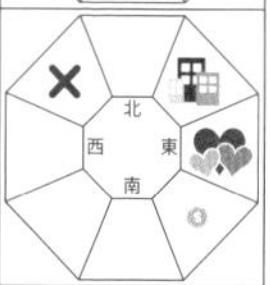
5日 金 庚午	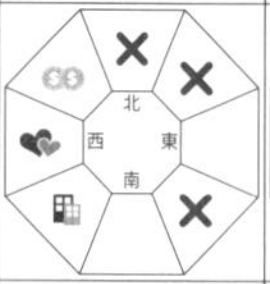	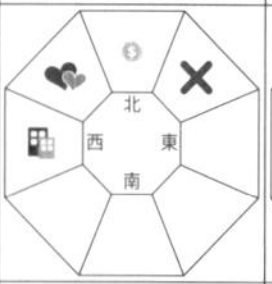			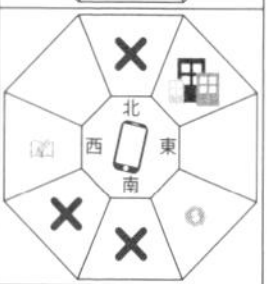
6日 土 辛未 新月 7：57 小暑 23：20	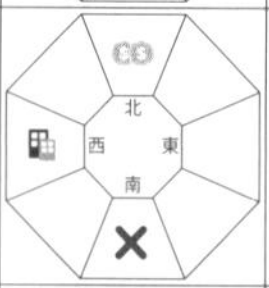	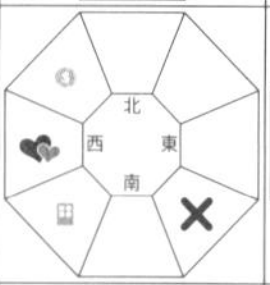	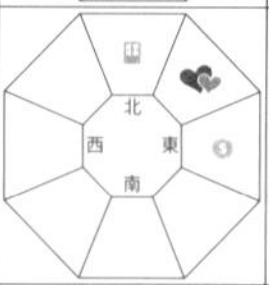	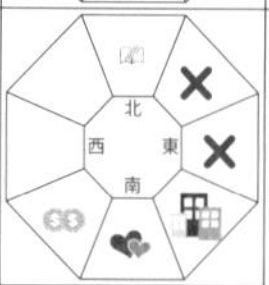	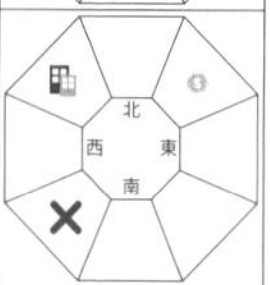
7日 日 壬申	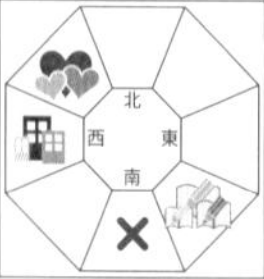				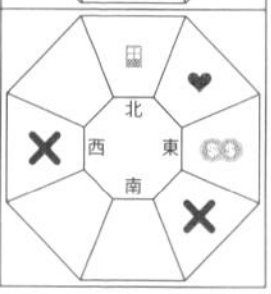

金運　恋愛運　凶　告知
仕事運　能力UP　注意

午時 11時～13時	未時 13時～15時	申時 15時～17時	酉時 17時～19時	戌時 19時～21時	亥時 21時～23時
北 西 東 南	北 西 東 南	北 西 東 南	北 西 東 南	北 西 東 南	北 西 東 南
北 西 東 南	北 西 東 南	北 西 東 南	北 西 東 南	北 西 東 南	北 西 東 南
北 西 東 南	北 西 東 南	北 西 東 南	北 西 東 南	北 西 東 南	北 西 東 南
北 西 東 南	北 西 東 南	北 西 東 南	北 西 東 南	北 西 東 南	北 西 東 南
北 西 東 南	北 西 東 南	北 西 東 南	北 西 東 南	北 西 東 南	北 西 東 南
北 西 東 南	北 西 東 南	北 西 東 南	北 西 東 南	北 西 東 南	北 西 東 南
北 西 東 南	北 西 東 南	北 西 東 南	北 西 東 南	北 西 東 南	北 西 東 南

金運　恋愛運　凶　告知
仕事運　能力UP　注意

7月 July　辛未月

	丑時 1時～3時	寅時 3時～5時	卯時 5時～7時	辰時 7時～9時	巳時 9時～11時
8日　月 癸酉	北 西 東 南	北 西 東 南	北 西 東 南	北 西 東 南	北 西 東 南
9日　火 甲戌	北 西 東 南	北 西 東 南	北 西 東 南	北 西 東 南	北 西 東 南
10日　水 乙亥	北 西 東 南	北 西 東 南	北 西 東 南	北 西 東 南	北 西 東 南
11日　木 丙子	北 西 東 南	北 西 東 南	北 西 東 南	北 西 東 南	北 西 東 南
12日　金 丁丑	北 西 東 南	北 西 東 南	北 西 東 南	北 西 東 南	北 西 東 南
13日　土 戊寅	北 西 東 南	北 西 東 南	北 西 東 南	北 西 東 南	北 西 東 南
14日　日 己卯	北 西 東 南	北 西 東 南	北 西 東 南	北 西 東 南	北 西 東 南

金運　恋愛運　凶　告知

仕事運　能力 UP　注意

午時 11時～13時	未時 13時～15時	申時 15時～17時	酉時 17時～19時	戌時 19時～21時	亥時 21時～23時
北 西 東 南	北 西 東 南	北 西 東 南	北 西 東 南	北 西 東 南	北 西 東 南
北 西 東 南	北 西 東 南	北 西 東 南	北 西 東 南	北 西 東 南	北 西 東 南
北 西 東 南	北 西 東 南	北 西 東 南	北 西 東 南	北 西 東 南	北 西 東 南
北 西 東 南	北 西 東 南	北 西 東 南	北 西 東 南	北 西 東 南	北 西 東 南
北 西 東 南	北 西 東 南	北 西 東 南	北 西 東 南	北 西 東 南	北 西 東 南
北 西 東 南	北 西 東 南	北 西 東 南	北 西 東 南	北 西 東 南	北 西 東 南
北 西 東 南	北 西 東 南	北 西 東 南	北 西 東 南	北 西 東 南	北 西 東 南

金運　恋愛運　凶　告知

仕事運　能力UP　注意

2024年 甲辰年

7月 July 辛未月

	丑時 1時～3時	寅時 3時～5時	卯時 5時～7時	辰時 7時～9時	巳時 9時～11時
15日 月 庚辰 海の日	北 西 東 南	北 西 東 南	北 西 東 南	北 西 東 南	北 西 東 南
16日 火 辛巳	北 西 東 南	北 西 東 南	北 西 東 南	北 西 東 南	北 西 東 南
17日 水 壬午	北 西 東 南	北 西 東 南	北 西 東 南	北 西 東 南	北 西 東 南
18日 木 癸未	北 西 東 南	北 西 東 南	北 西 東 南	北 西 東 南	北 西 東 南
19日 金 甲申 土用 13：17	北 西 東 南	北 西 東 南	北 西 東 南	北 西 東 南	北 西 東 南
20日 土 乙酉	北 西 東 南	北 西 東 南	北 西 東 南	北 西 東 南	北 西 東 南
21日 日 丙戌 満月 19：17	北 西 東 南	北 西 東 南	北 西 東 南	北 西 東 南	北 西 東 南

金運　恋愛運　凶　告知

仕事運　能力UP　注意

午時 11時～13時	未時 13時～15時	申時 15時～17時	酉時 17時～19時	戌時 19時～21時	亥時 21時～23時
北 西 東 南	北 西 東 南	北 西 東 南	北 西 東 南	北 西 東 南	北 西 東 南
北 西 東 南	北 西 東 南	北 西 東 南	北 西 東 南	北 西 東 南	北 西 東 南
北 西 東 南	北 西 東 南	北 西 東 南	北 西 東 南	北 西 東 南	北 西 東 南
北 西 東 南	北 西 東 南	北 西 東 南	北 西 東 南	北 西 東 南	北 西 東 南
北 西 東 南	北 西 東 南	北 西 東 南	北 西 東 南	北 西 東 南	北 西 東 南
北 西 東 南	北 西 東 南	北 西 東 南	北 西 東 南	北 西 東 南	北 西 東 南
北 西 東 南	北 西 東 南	北 西 東 南	北 西 東 南	北 西 東 南	北 西 東 南

金運　恋愛運　凶　告知

仕事運　能力UP　注意

2024年 甲辰年

7月 July 辛未月 大暑 7/22 16：44 ♌ 獅子座 in

	丑時 1時～3時	寅時 3時～5時	卯時 5時～7時	辰時 7時～9時	巳時 9時～11時
22日 月 丁亥 大暑 16：44	北 西 東 南	北 西 東 南	北 西 東 南	北 西 東 南	北 西 東 南
23日 火 戊子	北 西 東 南	北 西 東 南	北 西 東 南	北 西 東 南	北 西 東 南
24日 水 己丑	北 西 東 南	北 西 東 南	北 西 東 南	北 西 東 南	北 西 東 南
25日 木 庚寅	北 西 東 南	北 西 東 南	北 西 東 南	北 西 東 南	北 西 東 南
26日 金 辛卯	北 西 東 南	北 西 東 南	北 西 東 南	北 西 東 南	北 西 東 南
27日 土 壬辰	北 西 東 南	北 西 東 南	北 西 東 南	北 西 東 南	北 西 東 南
28日 日 癸巳	北 西 東 南	北 西 東 南	北 西 東 南	北 西 東 南	北 西 東 南

金運 恋愛運 凶 告知

仕事運 能力 UP 注意

午時 11 時～ 13 時	未時 13 時～ 15 時	申時 15 時～ 17 時	酉時 17 時～ 19 時	戌時 19 時～ 21 時	亥時 21 時～ 23 時
北 西 東 南	北 西 東 南	北 西 東 南	北 西 東 南	北 西 東 南	北 西 東 南
北 西 東 南	北 西 東 南	北 西 東 南	北 西 東 南	北 西 東 南	北 西 東 南
北 西 東 南	北 西 東 南	北 西 東 南	北 西 東 南	北 西 東 南	北 西 東 南
北 西 東 南	北 西 東 南	北 西 東 南	北 西 東 南	北 西 東 南	北 西 東 南
北 西 東 南	北 西 東 南	北 西 東 南	北 西 東 南	北 西 東 南	北 西 東 南
北 西 東 南	北 西 東 南	北 西 東 南	北 西 東 南	北 西 東 南	北 西 東 南
北 西 東 南	北 西 東 南	北 西 東 南	北 西 東 南	北 西 東 南	北 西 東 南

金運　恋愛運　凶　告知

仕事運　能力 UP　注意

ある吉(時盤)

2024年 甲辰年

7月/8月 August　壬申月　節入り 8/7　9：09

	丑時 1時〜3時	寅時 3時〜5時	卯時 5時〜7時	辰時 7時〜9時	巳時 9時〜11時
29日　月 甲午	北 西 東 南	北 西 東 南	北 西 東 南	北 西 東 南	北 西 東 南
30日　火 乙未	北 西 東 南	北 西 東 南	北 西 東 南	北 西 東 南	北 西 東 南
31日　水 丙申	北 西 東 南	北 西 東 南	北 西 東 南	北 西 東 南	北 西 東 南
1日　木 丁酉	北 西 東 南	北 西 東 南	北 西 東 南	北 西 東 南	北 西 東 南
2日　金 戊戌	北 西 東 南	北 西 東 南	北 西 東 南	北 西 東 南	北 西 東 南
3日　土 己亥	北 西 東 南	北 西 東 南	北 西 東 南	北 西 東 南	北 西 東 南
4日　日 庚子 新月 20：13	北 西 東 南	北 西 東 南	北 西 東 南	北 西 東 南	北 西 東 南

金運　　恋愛運　　凶 ×　　告知
仕事運　　能力 UP　　注意

午時 11 時～ 13 時	未時 13 時～ 15 時	申時 15 時～ 17 時	酉時 17 時～ 19 時	戌時 19 時～ 21 時	亥時 21 時～ 23 時
北 西 東 南	北 西 東 南	北 西 東 南	北 西 東 南	北 西 東 南	北 西 東 南
北 西 東 南	北 西 東 南	北 西 東 南	北 西 東 南	北 西 東 南	北 西 東 南
北 西 東 南	北 西 東 南	北 西 東 南	北 西 東 南	北 西 東 南	北 西 東 南
北 西 東 南	北 西 東 南	北 西 東 南	北 西 東 南	北 西 東 南	北 西 東 南
北 西 東 南	北 西 東 南	北 西 東 南	北 西 東 南	北 西 東 南	北 西 東 南
北 西 東 南	北 西 東 南	北 西 東 南	北 西 東 南	北 西 東 南	北 西 東 南
北 西 東 南	北 西 東 南	北 西 東 南	北 西 東 南	北 西 東 南	北 西 東 南

金運　恋愛運　凶 ✕　告知

仕事運　能力 UP　注意

8月 August 壬申月 節入り 8/7 9：09

	丑時 1時～3時	寅時 3時～5時	卯時 5時～7時	辰時 7時～9時	巳時 9時～11時
5日 月 辛丑					
6日 火 壬寅					
7日 水 癸卯 立秋 9：09					
8日 木 甲辰					
9日 金 乙巳					
10日 土 丙午					
11日 日 丁未 山の日					

金運 仕事運 恋愛運 能力UP 凶 注意 告知

午時 11時～13時	未時 13時～15時	申時 15時～17時	酉時 17時～19時	戌時 19時～21時	亥時 21時～23時
北 西 東 南	北 西 東 南	北 西 東 南	北 西 東 南	北 西 東 南	北 西 東 南
北 西 東 南	北 西 東 南	北 西 東 南	北 西 東 南	北 西 東 南	北 西 東 南
北 西 東 南	北 西 東 南	北 西 東 南	北 西 東 南	北 西 東 南	北 西 東 南
北 西 東 南	北 西 東 南	北 西 東 南	北 西 東 南	北 西 東 南	北 西 東 南
北 西 東 南	北 西 東 南	北 西 東 南	北 西 東 南	北 西 東 南	北 西 東 南
北 西 東 南	北 西 東 南	北 西 東 南	北 西 東 南	北 西 東 南	北 西 東 南
北 西 東 南	北 西 東 南	北 西 東 南	北 西 東 南	北 西 東 南	北 西 東 南

金運　恋愛運　凶　告知

仕事運　能力UP　注意

2024年 甲辰年

8月 August 壬申月

	丑時 1時～3時	寅時 3時～5時	卯時 5時～7時	辰時 7時～9時	巳時 9時～11時
12日 月 戊申 休日					
13日 火 己酉					
14日 水 庚戌					
15日 木 辛亥					
16日 金 壬子					
17日 土 癸丑					
18日 日 甲寅					

金運　　恋愛運　　凶　　告知

仕事運　　能力UP　　注意

午時 11時～13時	未時 13時～15時	申時 15時～17時	酉時 17時～19時	戌時 19時～21時	亥時 21時～23時
北 西 東 南	北 西 東 南	北 西 東 南	北 西 東 南	北 西 東 南	北 西 東 南
北 西 東 南	北 西 東 南	北 西 東 南	北 西 東 南	北 西 東 南	北 西 東 南
北 西 東 南	北 西 東 南	北 西 東 南	北 西 東 南	北 西 東 南	北 西 東 南
北 西 東 南	北 西 東 南	北 西 東 南	北 西 東 南	北 西 東 南	北 西 東 南
北 西 東 南	北 西 東 南	北 西 東 南	北 西 東 南	北 西 東 南	北 西 東 南
北 西 東 南	北 西 東 南	北 西 東 南	北 西 東 南	北 西 東 南	北 西 東 南
北 西 東 南	北 西 東 南	北 西 東 南	北 西 東 南	北 西 東 南	北 西 東 南

金運　恋愛運　凶　告知

仕事運　能力 UP　注意

8 月 August 壬申月 処暑 8/22 23：55 ♍ 乙女座 in

	丑時 1 時～ 3 時	寅時 3 時～ 5 時	卯時 5 時～ 7 時	辰時 7 時～ 9 時	巳時 9 時～ 11 時
19 日 月 乙卯	北 西 東 南	北 西 東 南	北 西 東 南	北 西 東 南	北 西 東 南
20 日 火 丙辰 満月 3：26	北 西 東 南	北 西 東 南	北 西 東 南	北 西 東 南	北 西 東 南
21 日 水 丁巳	北 西 東 南	北 西 東 南	北 西 東 南	北 西 東 南	北 西 東 南
22 日 木 戊午 処暑 23：55	北 西 東 南	北 西 東 南	北 西 東 南	北 西 東 南	北 西 東 南
23 日 金 己未	北 西 東 南	北 西 東 南	北 西 東 南	北 西 東 南	北 西 東 南
24 日 土 庚申	北 西 東 南	北 西 東 南	北 西 東 南	北 西 東 南	北 西 東 南
25 日 日 辛酉	北 西 東 南	北 西 東 南	北 西 東 南	北 西 東 南	北 西 東 南

金運　恋愛運　凶　告知

仕事運　能力 UP　注意

午時 11時～13時	未時 13時～15時	申時 15時～17時	酉時 17時～19時	戌時 19時～21時	亥時 21時～23時
北 西 東 南	北 西 東 南	北 西 東 南	北 西 東 南	北 西 東 南	北 西 東 南
北 西 東 南	北 西 東 南	北 西 東 南	北 西 東 南	北 西 東 南	北 西 東 南
北 西 東 南	北 西 東 南	北 西 東 南	北 西 東 南	北 西 東 南	北 西 東 南
北 西 東 南	北 西 東 南	北 西 東 南	北 西 東 南	北 西 東 南	北 西 東 南
北 西 東 南	北 西 東 南	北 西 東 南	北 西 東 南	北 西 東 南	北 西 東 南
北 西 東 南	北 西 東 南	北 西 東 南	北 西 東 南	北 西 東 南	北 西 東 南
北 西 東 南	北 西 東 南	北 西 東 南	北 西 東 南	北 西 東 南	北 西 東 南

金運　恋愛運　凶　告知

仕事運　能力 UP　注意

8月 / 9月 September 癸酉月 節入り 9/7 12：11

	丑時 1時～3時	寅時 3時～5時	卯時 5時～7時	辰時 7時～9時	巳時 9時～11時
26日 月 壬戌					
27日 火 癸亥					
28日 水 甲子					
29日 木 乙丑					
30日 金 丙寅					
31日 土 丁卯					
1日 日 戊辰					

金運　恋愛運　凶　告知

仕事運　能力UP　注意

午時 11時～13時	未時 13時～15時	申時 15時～17時	酉時 17時～19時	戌時 19時～21時	亥時 21時～23時
北 西 東 南	北 西 東 南	北 西 東 南	北 西 東 南	北 西 東 南	北 西 東 南
北 西 東 南	北 西 東 南	北 西 東 南	北 西 東 南	北 西 東 南	北 西 東 南
北 西 東 南	北 西 東 南	北 西 東 南	北 西 東 南	北 西 東 南	北 西 東 南
北 西 東 南	北 西 東 南	北 西 東 南	北 西 東 南	北 西 東 南	北 西 東 南
北 西 東 南	北 西 東 南	北 西 東 南	北 西 東 南	北 西 東 南	北 西 東 南
北 西 東 南	北 西 東 南	北 西 東 南	北 西 東 南	北 西 東 南	北 西 東 南
北 西 東 南	北 西 東 南	北 西 東 南	北 西 東 南	北 西 東 南	北 西 東 南

金運　仕事運　恋愛運　能力 UP　凶　注意　告知

9月 September 癸酉月 節入り 9/7 12：11

	丑時 1時～3時	寅時 3時～5時	卯時 5時～7時	辰時 7時～9時	巳時 9時～11時
2日 月 己巳	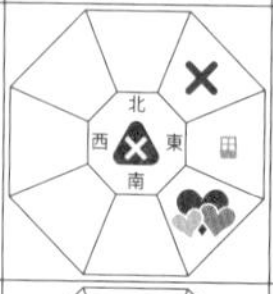	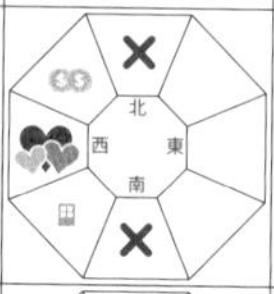	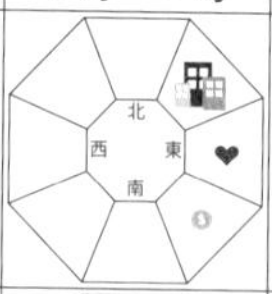	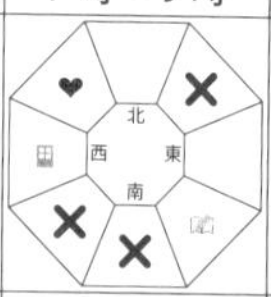	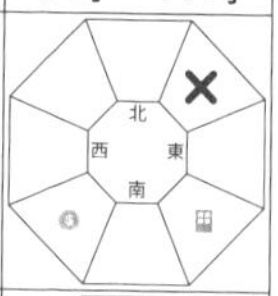
3日 火 庚午 新月 10：56	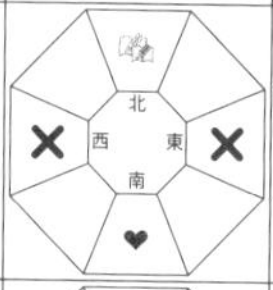	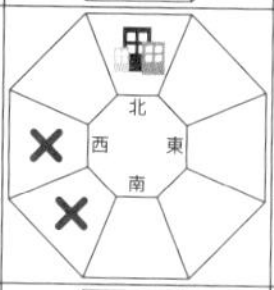	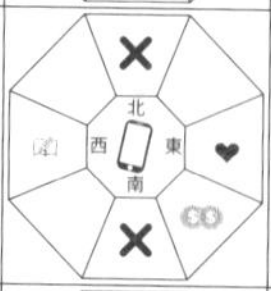	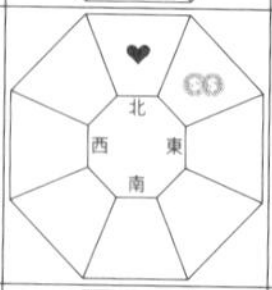	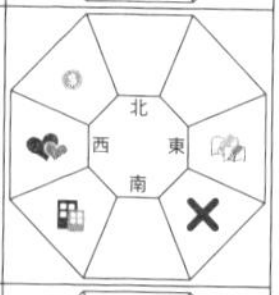
4日 水 辛未	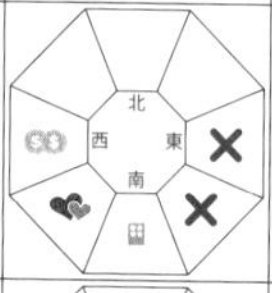	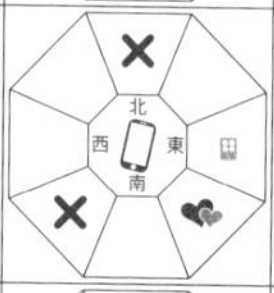		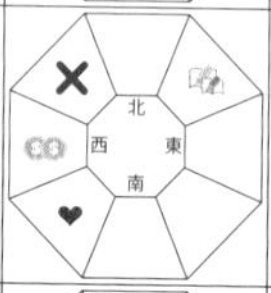	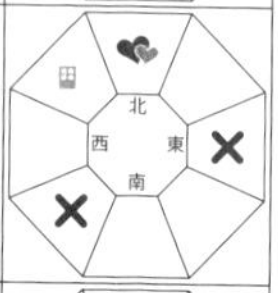
5日 木 壬申	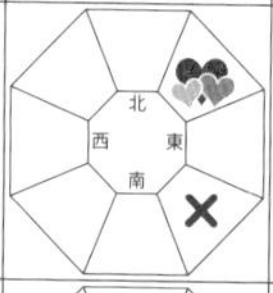	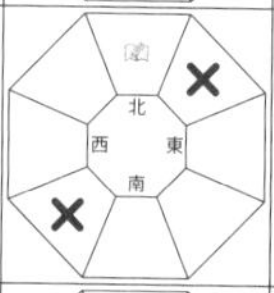	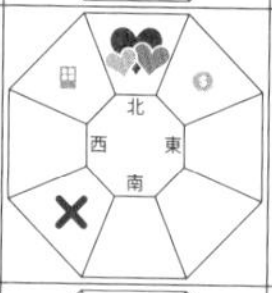		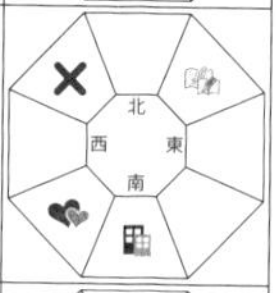
6日 金 癸酉	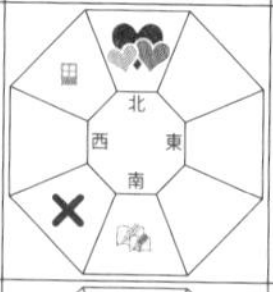	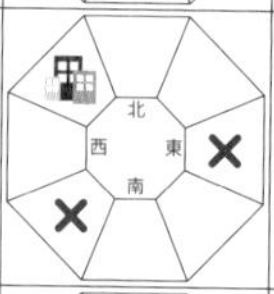	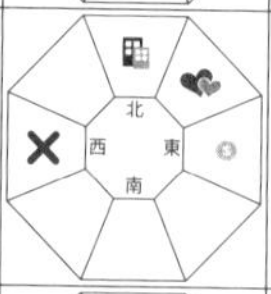	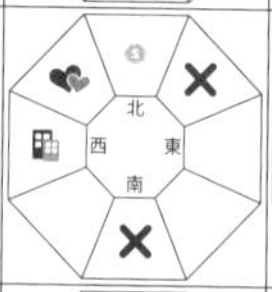	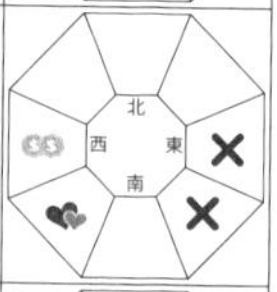
7日 土 甲戌 白露 12：11	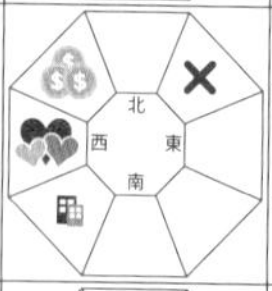	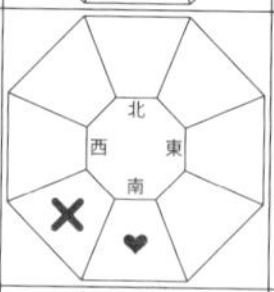		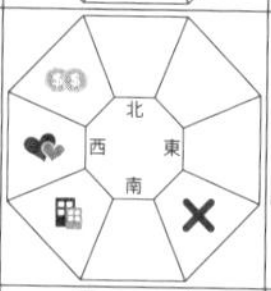	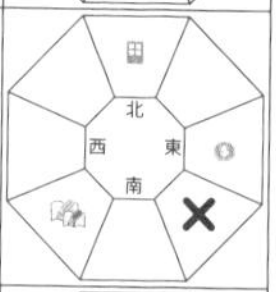
8日 日 乙亥	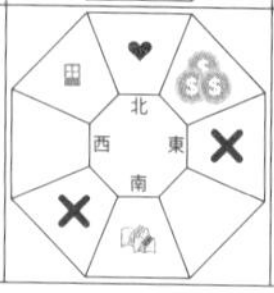	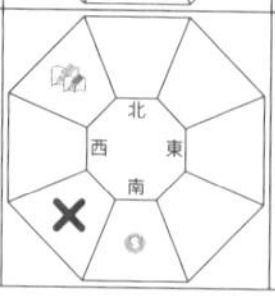	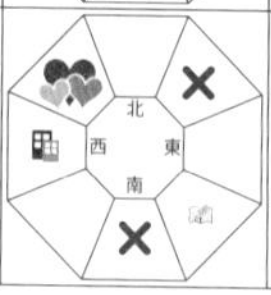		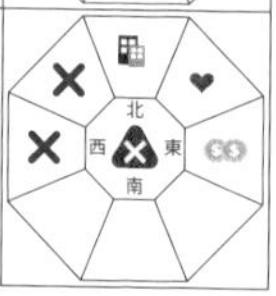

金運 恋愛運 凶 告知
仕事運 能力UP 注意

午時 11時～13時	未時 13時～15時	申時 15時～17時	酉時 17時～19時	戌時 19時～21時	亥時 21時～23時
北 西 東 南	北 西 東 南	北 西 東 南	北 西 東 南	北 西 東 南	北 西 東 南
北 西 東 南	北 西 東 南	北 西 東 南	北 西 東 南	北 西 東 南	北 西 東 南
北 西 東 南	北 西 東 南	北 西 東 南	北 西 東 南	北 西 東 南	北 西 東 南
北 西 東 南	北 西 東 南	北 西 東 南	北 西 東 南	北 西 東 南	北 西 東 南
北 西 東 南	北 西 東 南	北 西 東 南	北 西 東 南	北 西 東 南	北 西 東 南
北 西 東 南	北 西 東 南	北 西 東 南	北 西 東 南	北 西 東 南	北 西 東 南
北 西 東 南	北 西 東 南	北 西 東 南	北 西 東 南	北 西 東 南	北 西 東 南

金運　恋愛運　凶　告知

仕事運　能力 UP　注意

9月 September 癸酉月

	丑時 1時～3時	寅時 3時～5時	卯時 5時～7時	辰時 7時～9時	巳時 9時～11時
9日 月 丙子	 北 西 東 南	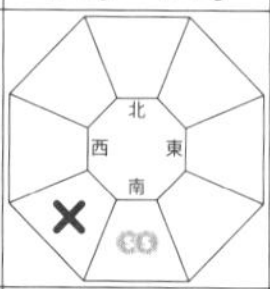 北 西 東 南	 北 西 東 南	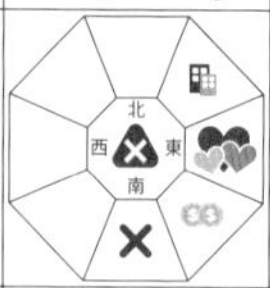 北 西 東 南	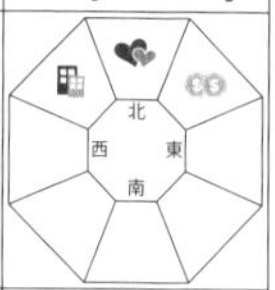 北 西 東 南
10日 火 丁丑	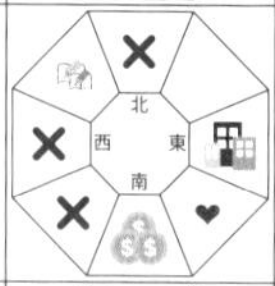 北 西 東 南	 北 西 東 南	 北 西 東 南	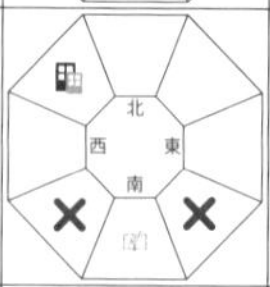 北 西 東 南	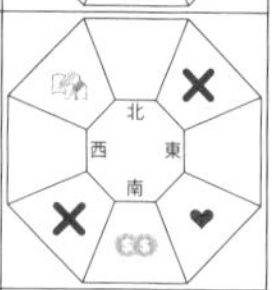 北 西 東 南
11日 水 戊寅	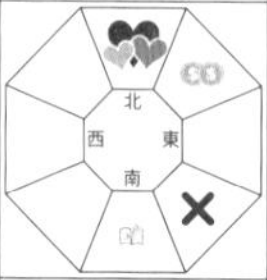 北 西 東 南	 北 西 東 南	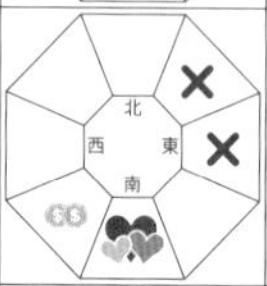 北 西 東 南	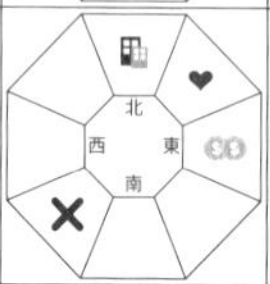 北 西 東 南	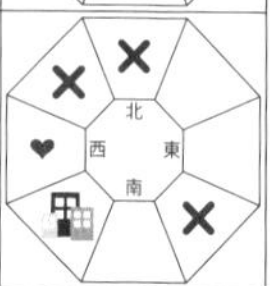 北 西 東 南
12日 木 己卯	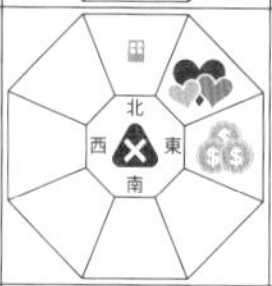 北 西 東 南	 北 西 東 南	 北 西 東 南	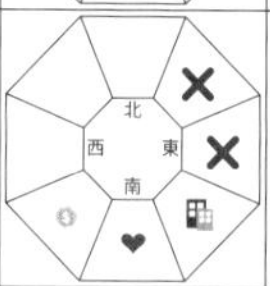 北 西 東 南	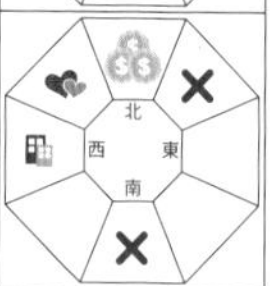 北 西 東 南
13日 金 庚辰	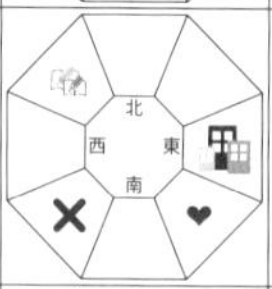 北 西 東 南	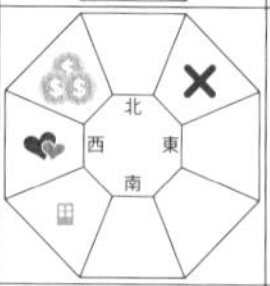 北 西 東 南	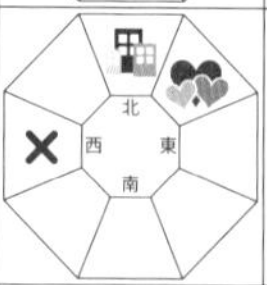 北 西 東 南	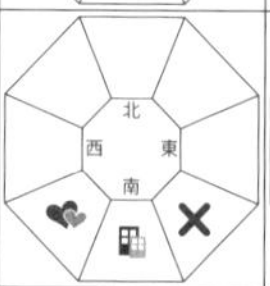 北 西 東 南	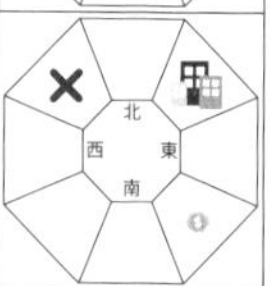 北 西 東 南
14日 土 辛巳	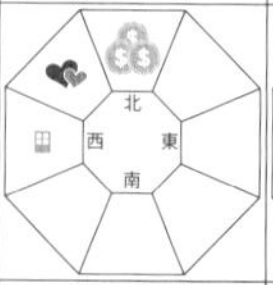 北 西 東 南	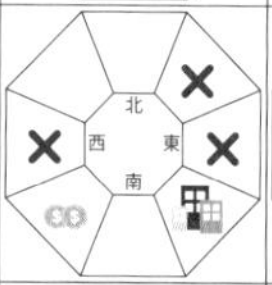 北 西 東 南	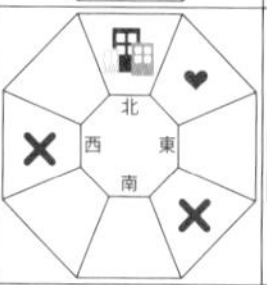 北 西 東 南	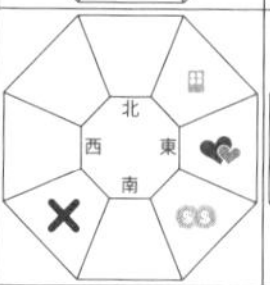 北 西 東 南	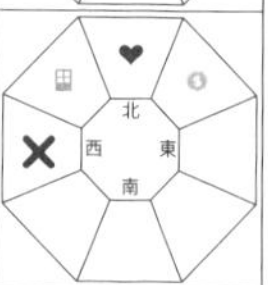 北 西 東 南
15日 日 壬午	 北 西 東 南	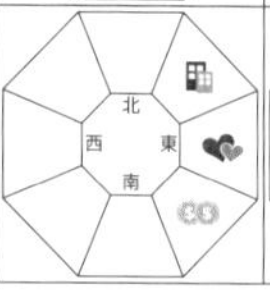 北 西 東 南	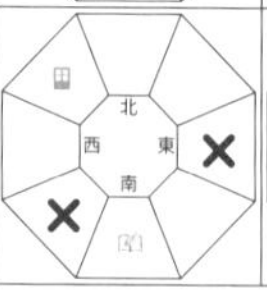 北 西 東 南	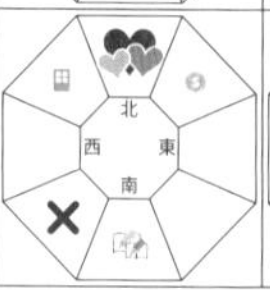 北 西 東 南	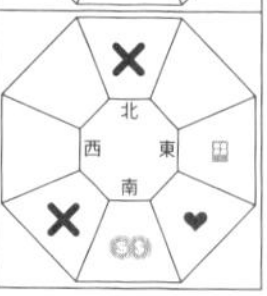 北 西 東 南

金運　恋愛運　凶　告知
仕事運　能力UP　注意

午時 11時～13時	未時 13時～15時	申時 15時～17時	酉時 17時～19時	戌時 19時～21時	亥時 21時～23時
北 西 東 南	北 西 東 南	北 西 東 南	北 西 東 南	北 西 東 南	北 西 東 南
北 西 東 南	北 西 東 南	北 西 東 南	北 西 東 南	北 西 東 南	北 西 東 南
北 西 東 南	北 西 東 南	北 西 東 南	北 西 東 南	北 西 東 南	北 西 東 南
北 西 東 南	北 西 東 南	北 西 東 南	北 西 東 南	北 西 東 南	北 西 東 南
北 西 東 南	北 西 東 南	北 西 東 南	北 西 東 南	北 西 東 南	北 西 東 南
北 西 東 南	北 西 東 南	北 西 東 南	北 西 東 南	北 西 東 南	北 西 東 南
北 西 東 南	北 西 東 南	北 西 東 南	北 西 東 南	北 西 東 南	北 西 東 南

金運　恋愛運　凶　告知
仕事運　能力UP　注意

9月 September 癸酉月 秋分 9/22 21：43 ♎ 天秤座 in

	丑時 1時～3時	寅時 3時～5時	卯時 5時～7時	辰時 7時～9時	巳時 9時～11時
16日 月 癸未 敬老の日	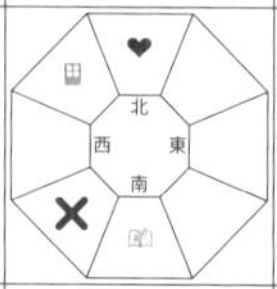	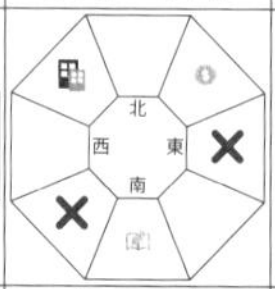	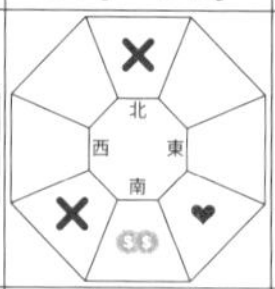	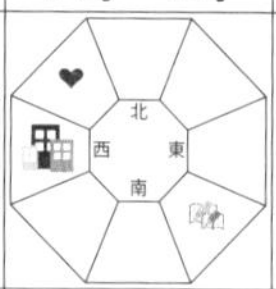	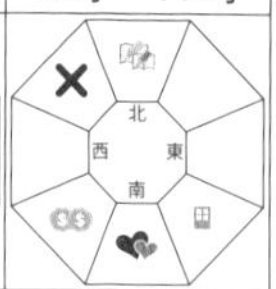
17日 火 甲申	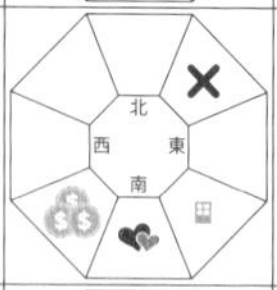	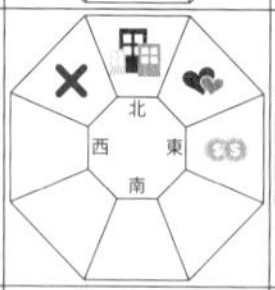	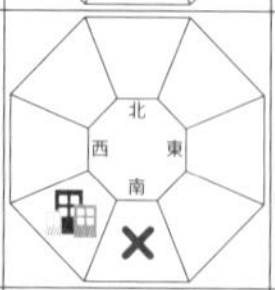	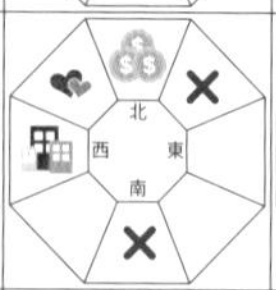	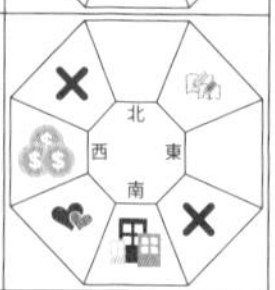
18日 水 乙酉 満月 11：34		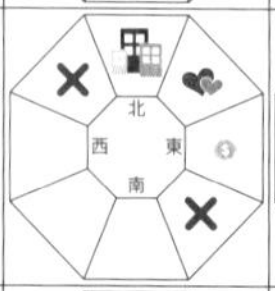	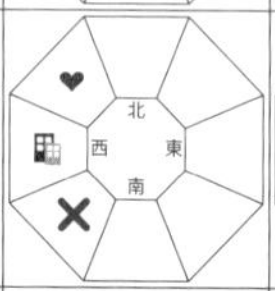	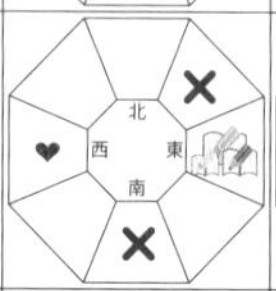	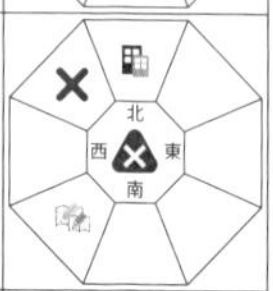
19日 木 丙戌	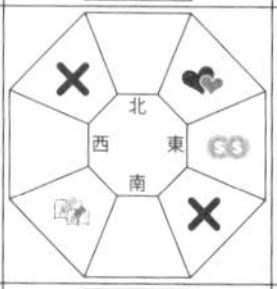	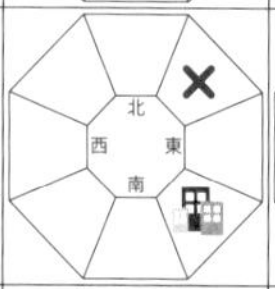	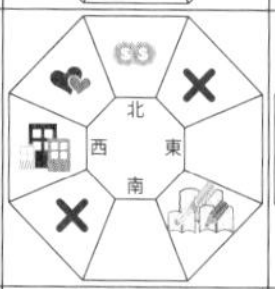	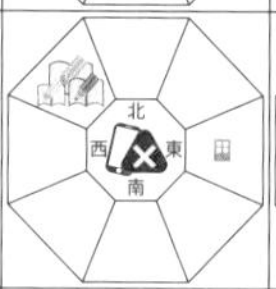	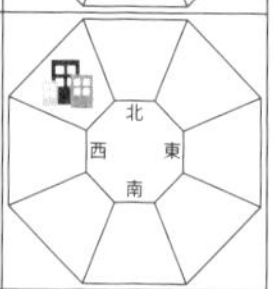
20日 金 丁亥	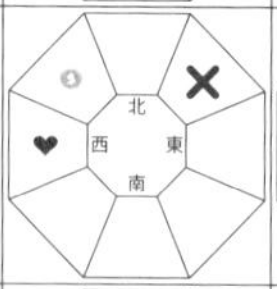	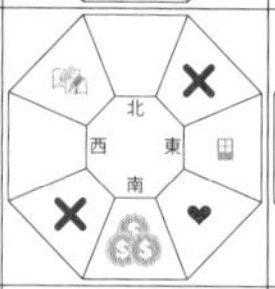	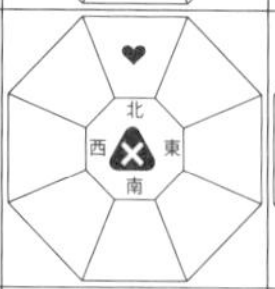	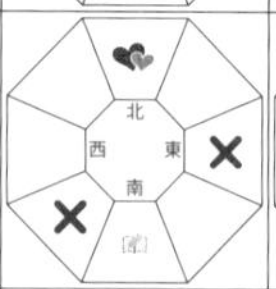	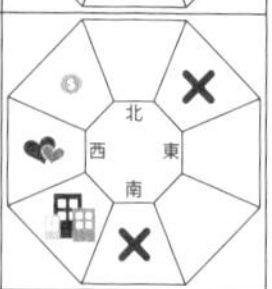
21日 土 戊子	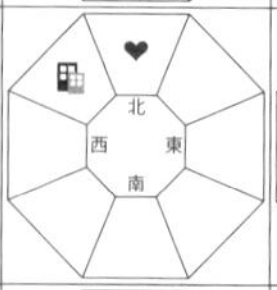	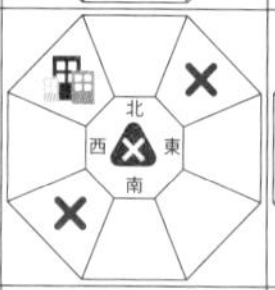	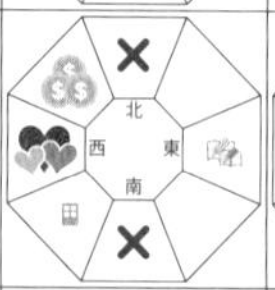	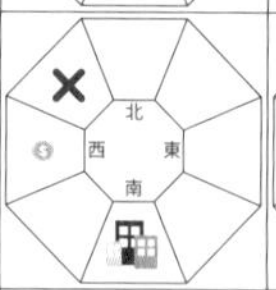	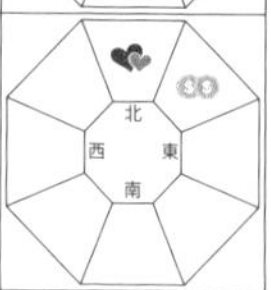
22日 日 己丑 秋分の日 秋分 21：43	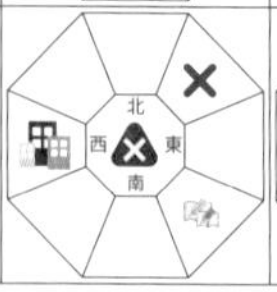	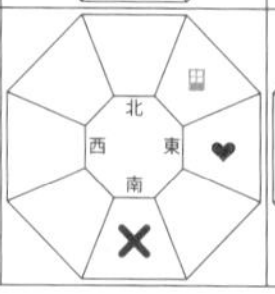	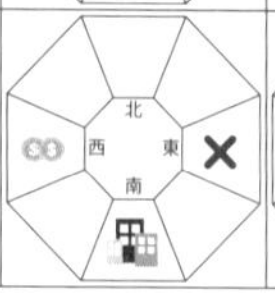	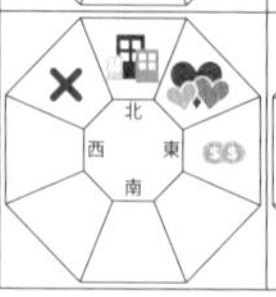	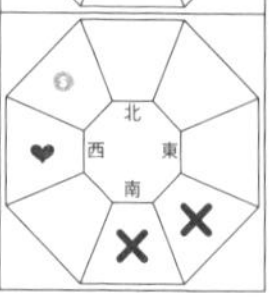

金運 恋愛運 凶 告知
仕事運 能力UP 注意

午時 11時～13時	未時 13時～15時	申時 15時～17時	酉時 17時～19時	戌時 19時～21時	亥時 21時～23時
北 西 東 南	北 西 東 南	北 西 東 南	北 西 東 南	北 西 東 南	北 西 東 南
北 西 東 南	北 西 東 南	北 西 東 南	北 西 東 南	北 西 東 南	北 西 東 南
北 西 東 南	北 西 東 南	北 西 東 南	北 西 東 南	北 西 東 南	北 西 東 南
北 西 東 南	北 西 東 南	北 西 東 南	北 西 東 南	北 西 東 南	北 西 東 南
北 西 東 南	北 西 東 南	北 西 東 南	北 西 東 南	北 西 東 南	北 西 東 南
北 西 東 南	北 西 東 南	北 西 東 南	北 西 東 南	北 西 東 南	北 西 東 南
北 西 東 南	北 西 東 南	北 西 東 南	北 西 東 南	北 西 東 南	北 西 東 南

金運　恋愛運　凶　告知

仕事運　能力 UP　注意

9 月 September 癸酉月

	丑時 1 時～3 時	寅時 3 時～5 時	卯時 5 時～7 時	辰時 7 時～9 時	巳時 9 時～11 時
23 日 月 庚寅 休日	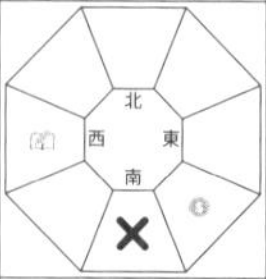 北 西 東 南	 北 西 東 南	 北 西 東 南	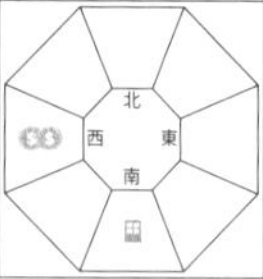 北 西 東 南	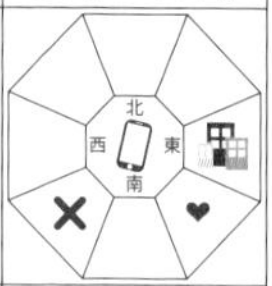 北 西 東 南
24 日 火 辛卯	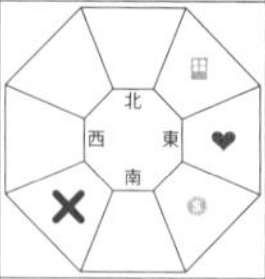 北 西 東 南	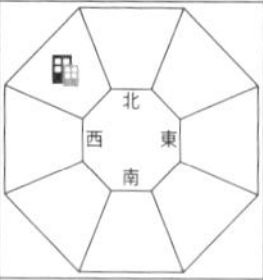 北 西 東 南	 北 西 東 南	 北 西 東 南	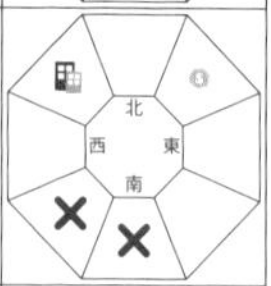 北 西 東 南
25 日 水 壬辰	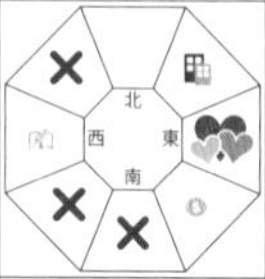 北 西 東 南	 北 西 東 南	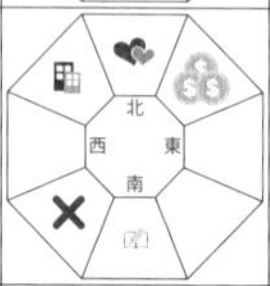 北 西 東 南	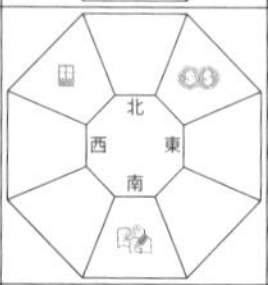 北 西 東 南	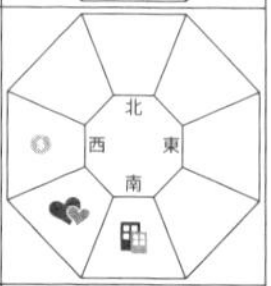 北 西 東 南
26 日 木 癸巳	 北 西 東 南	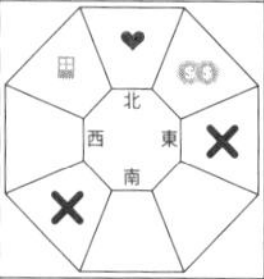 北 西 東 南	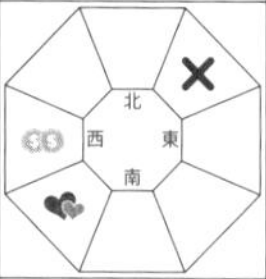 北 西 東 南	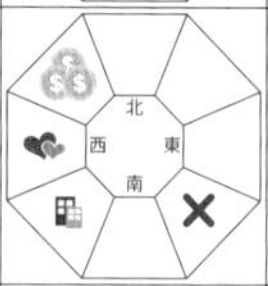 北 西 東 南	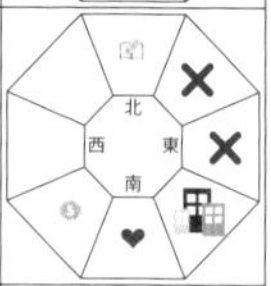 北 西 東 南
27 日 金 甲午	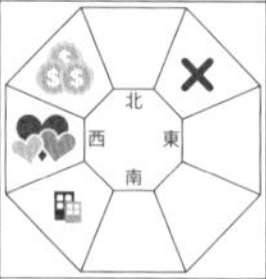 北 西 東 南	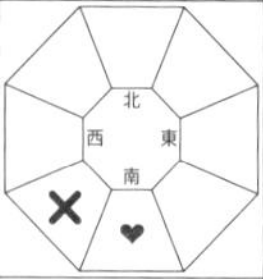 北 西 東 南	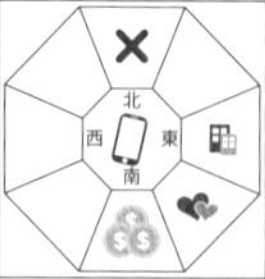 北 西 東 南	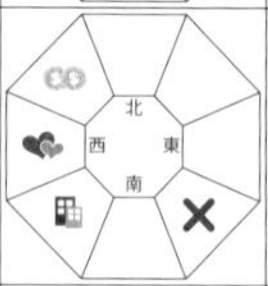 北 西 東 南	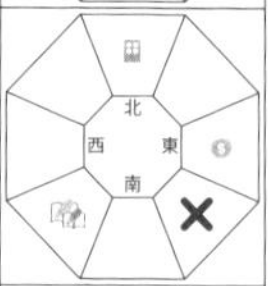 北 西 東 南
28 日 土 乙未	 北 西 東 南	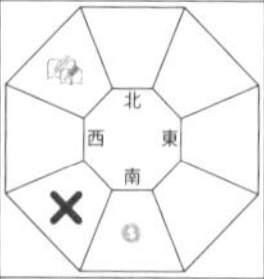 北 西 東 南	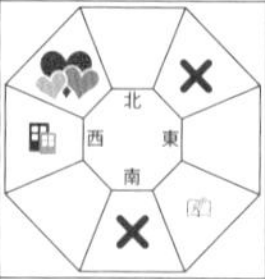 北 西 東 南	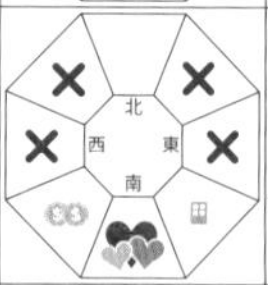 北 西 東 南	 北 西 東 南
29 日 日 丙申	 北 西 東 南	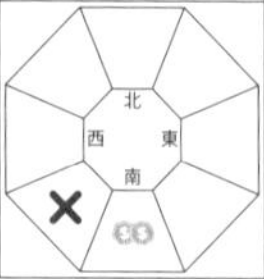 北 西 東 南	 北 西 東 南	 北 西 東 南	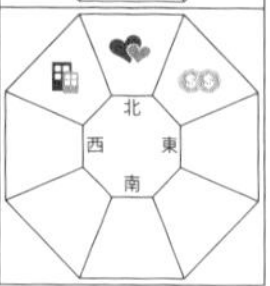 北 西 東 南

金運　恋愛運　凶　告知
仕事運　能力 UP　注意

午時 11時～13時	未時 13時～15時	申時 15時～17時	酉時 17時～19時	戌時 19時～21時	亥時 21時～23時
北 西 東 南	北 西 東 南	北 西 東 南	北 西 東 南	北 西 東 南	北 西 東 南
北 西 東 南	北 西 東 南	北 西 東 南	北 西 東 南	北 西 東 南	北 西 東 南
北 西 東 南	北 西 東 南	北 西 東 南	北 西 東 南	北 西 東 南	北 西 東 南
北 西 東 南	北 西 東 南	北 西 東 南	北 西 東 南	北 西 東 南	北 西 東 南
北 西 東 南	北 西 東 南	北 西 東 南	北 西 東 南	北 西 東 南	北 西 東 南
北 西 東 南	北 西 東 南	北 西 東 南	北 西 東 南	北 西 東 南	北 西 東 南
北 西 東 南	北 西 東 南	北 西 東 南	北 西 東 南	北 西 東 南	北 西 東 南

金運　恋愛運　凶 ×　告知

仕事運　能力 UP　注意

9月 / 10月 October 甲戌月 節入り 10/8 4：00

	丑時 1時～3時	寅時 3時～5時	卯時 5時～7時	辰時 7時～9時	巳時 9時～11時
30日 月 丁酉	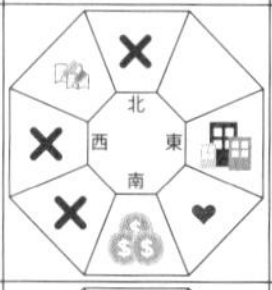 北 西 東 南	 北 西 東 南	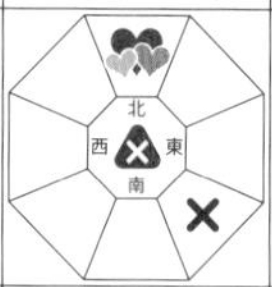 北 西 東 南	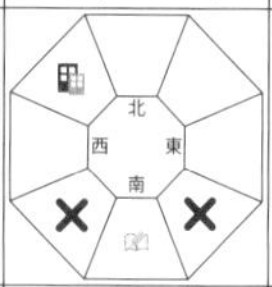 北 西 東 南	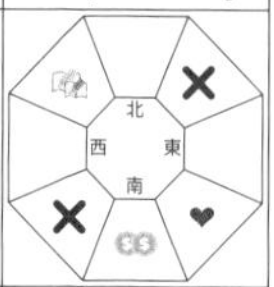 北 西 東 南
1日 火 戊戌	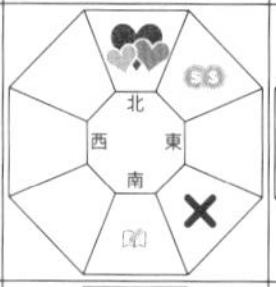 北 西 東 南	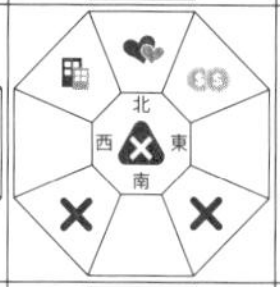 北 西 東 南	 北 西 東 南	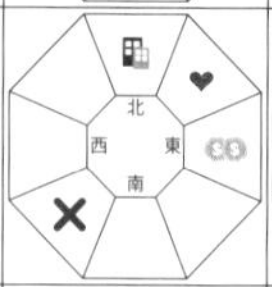 北 西 東 南	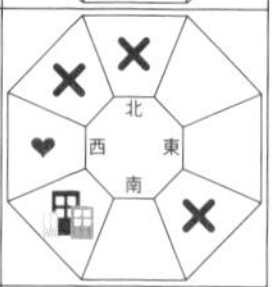 北 西 東 南
2日 水 己亥	 北 西 東 南	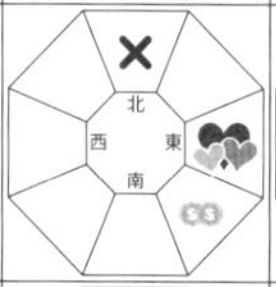 北 西 東 南	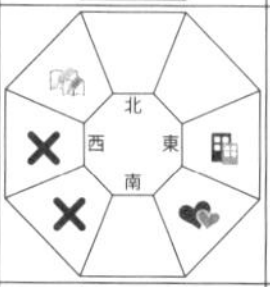 北 西 東 南	 北 西 東 南	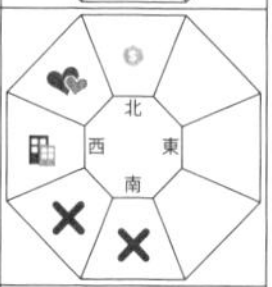 北 西 東 南
3日 木 庚子 新月 3：49	 北 西 東 南	 北 西 東 南	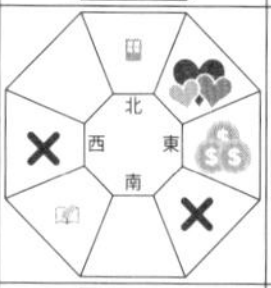 北 西 東 南	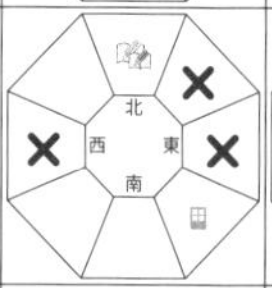 北 西 東 南	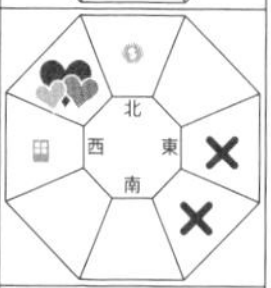 北 西 東 南
4日 金 辛丑	 北 西 東 南	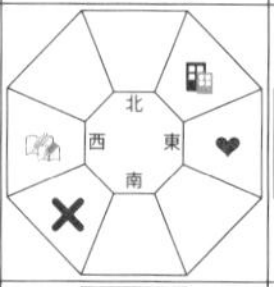 北 西 東 南	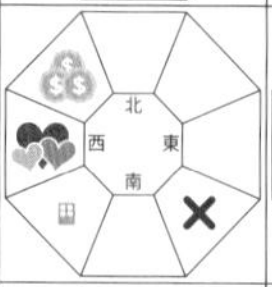 北 西 東 南	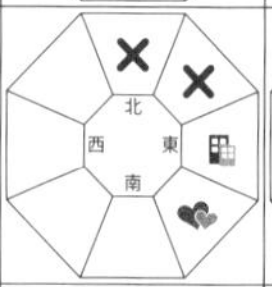 北 西 東 南	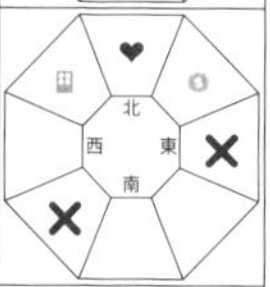 北 西 東 南
5日 土 壬寅	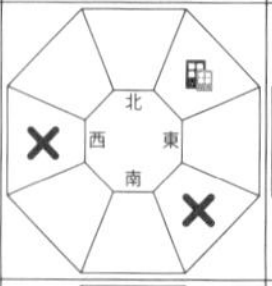 北 西 東 南	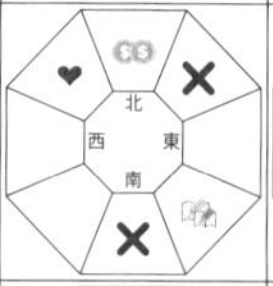 北 西 東 南	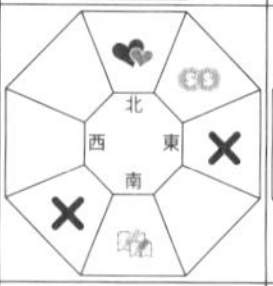 北 西 東 南	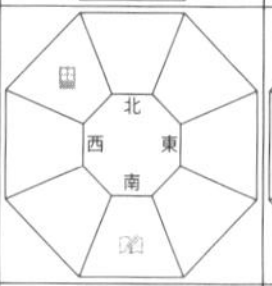 北 西 東 南	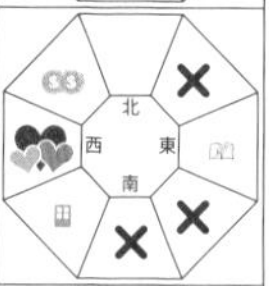 北 西 東 南
6日 日 癸卯	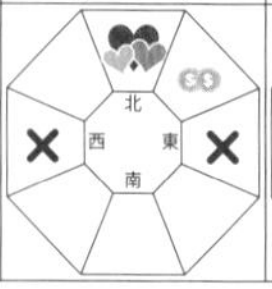 北 西 東 南	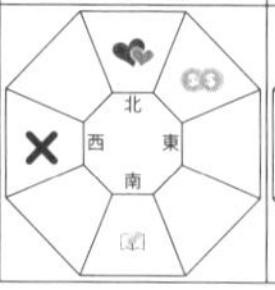 北 西 東 南	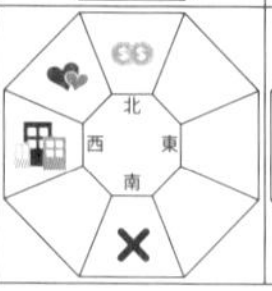 北 西 東 南	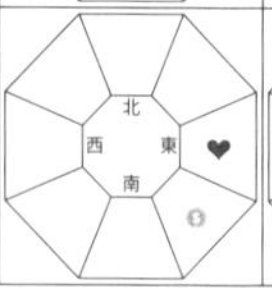 北 西 東 南	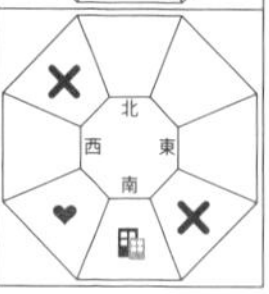 北 西 東 南

金運　恋愛運　凶　告知

仕事運　能力UP　注意

午時 11時～13時	未時 13時～15時	申時 15時～17時	酉時 17時～19時	戌時 19時～21時	亥時 21時～23時
北 西 東 南	北 西 東 南	北 西 東 南	北 西 東 南	北 西 東 南	北 西 東 南
北 西 東 南	北 西 東 南	北 西 東 南	北 西 東 南	北 西 東 南	北 西 東 南
北 西 東 南	北 西 東 南	北 西 東 南	北 西 東 南	北 西 東 南	北 西 東 南
北 西 東 南	北 西 東 南	北 西 東 南	北 西 東 南	北 西 東 南	北 西 東 南
北 西 東 南	北 西 東 南	北 西 東 南	北 西 東 南	北 西 東 南	北 西 東 南
北 西 東 南	北 西 東 南	北 西 東 南	北 西 東 南	北 西 東 南	北 西 東 南
北 西 東 南	北 西 東 南	北 西 東 南	北 西 東 南	北 西 東 南	北 西 東 南

金運　恋愛運　凶　告知

仕事運　能力UP　注意

10月 October 甲戌月 節入り 10/8 4：00

	丑時 1時～3時	寅時 3時～5時	卯時 5時～7時	辰時 7時～9時	巳時 9時～11時
7日 月 甲辰	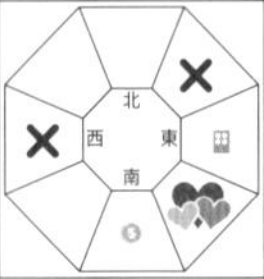 北 西 東 南	 北 西 東 南	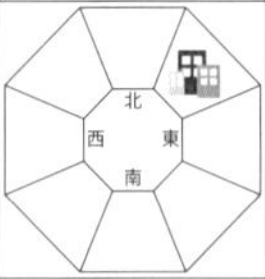 北 西 東 南	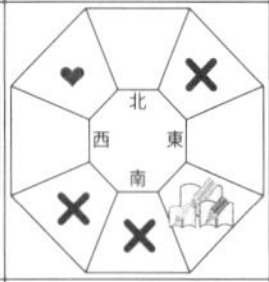 北 西 東 南	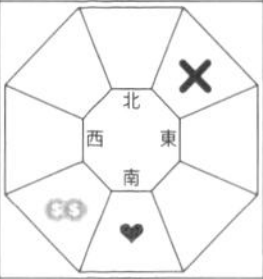 北 西 東 南
8日 火 乙巳 寒露 4：00	 北 西 東 南	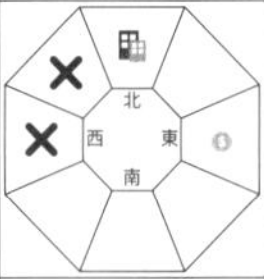 北 西 東 南	 北 西 東 南	 北 西 東 南	 北 西 東 南
9日 水 丙午	 北 西 東 南	 北 西 東 南	 北 西 東 南	 北 西 東 南	 北 西 東 南
10日 木 丁未	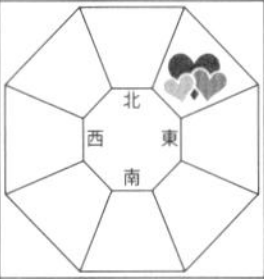 北 西 東 南	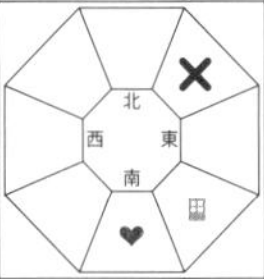 北 西 東 南	 北 西 東 南	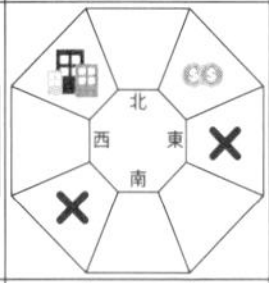 北 西 東 南	 北 西 東 南
11日 金 戊申	 北 西 東 南	 北 西 東 南	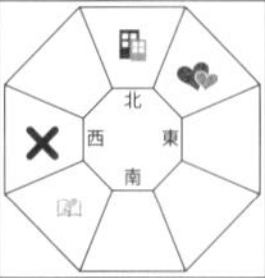 北 西 東 南	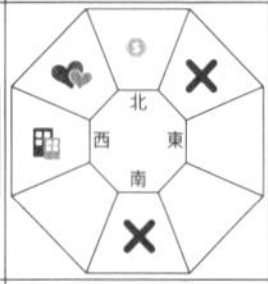 北 西 東 南	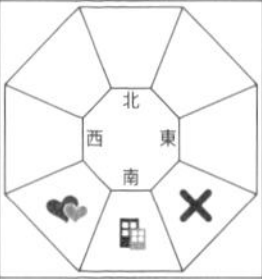 北 西 東 南
12日 土 己酉	 北 西 東 南	 北 西 東 南	 北 西 東 南	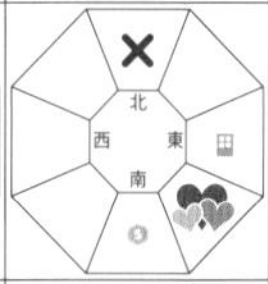 北 西 東 南	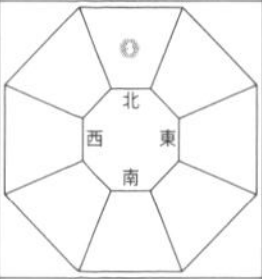 北 西 東 南
13日 日 庚戌	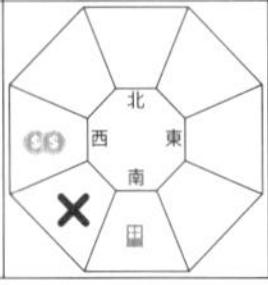 北 西 東 南	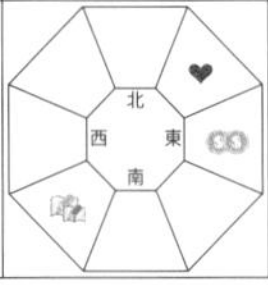 北 西 東 南	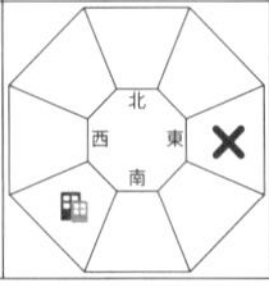 北 西 東 南	 北 西 東 南	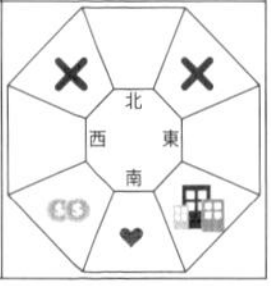 北 西 東 南

金運　恋愛運　凶 ✕　告知
仕事運　能力UP　注意

午時 11時～13時	未時 13時～15時	申時 15時～17時	酉時 17時～19時	戌時 19時～21時	亥時 21時～23時
北 西 東 南	北 西 東 南	北 西 東 南	北 西 東 南	北 西 東 南	北 西 東 南
北 西 東 南	北 西 東 南	北 西 東 南	北 西 東 南	北 西 東 南	北 西 東 南
北 西 東 南	北 西 東 南	北 西 東 南	北 西 東 南	北 西 東 南	北 西 東 南
北 西 東 南	北 西 東 南	北 西 東 南	北 西 東 南	北 西 東 南	北 西 東 南
北 西 東 南	北 西 東 南	北 西 東 南	北 西 東 南	北 西 東 南	北 西 東 南
北 西 東 南	北 西 東 南	北 西 東 南	北 西 東 南	北 西 東 南	北 西 東 南
北 西 東 南	北 西 東 南	北 西 東 南	北 西 東 南	北 西 東 南	北 西 東 南

金運　恋愛運　凶　告知

仕事運　能力 UP　注意

10月 October 甲戌月

	丑時 1時～3時	寅時 3時～5時	卯時 5時～7時	辰時 7時～9時	巳時 9時～11時
14日 月 辛亥 スポーツの日	北 西 東 南	北 西 東 南	北 西 東 南	北 西 東 南	北 西 東 南
15日 火 壬子	北 西 東 南	北 西 東 南	北 西 東 南	北 西 東 南	北 西 東 南
16日 水 癸丑	北 西 東 南	北 西 東 南	北 西 東 南	北 西 東 南	北 西 東 南
17日 木 甲寅 満月 20：26	北 西 東 南	北 西 東 南	北 西 東 南	北 西 東 南	北 西 東 南
18日 金 乙卯	北 西 東 南	北 西 東 南	北 西 東 南	北 西 東 南	北 西 東 南
19日 土 丙辰	北 西 東 南	北 西 東 南	北 西 東 南	北 西 東 南	北 西 東 南
20日 日 丁巳 土用 6：51	北 西 東 南	北 西 東 南	北 西 東 南	北 西 東 南	北 西 東 南

金運　恋愛運　凶　告知

仕事運　能力UP　注意

午時 11時～13時	未時 13時～15時	申時 15時～17時	酉時 17時～19時	戌時 19時～21時	亥時 21時～23時
北 西 東 南	北 西 東 南	北 西 東 南	北 西 東 南	北 西 東 南	北 西 東 南
北 西 東 南	北 西 東 南	北 西 東 南	北 西 東 南	北 西 東 南	北 西 東 南
北 西 東 南	北 西 東 南	北 西 東 南	北 西 東 南	北 西 東 南	北 西 東 南
北 西 東 南	北 西 東 南	北 西 東 南	北 西 東 南	北 西 東 南	北 西 東 南
北 西 東 南	北 西 東 南	北 西 東 南	北 西 東 南	北 西 東 南	北 西 東 南
北 西 東 南	北 西 東 南	北 西 東 南	北 西 東 南	北 西 東 南	北 西 東 南
北 西 東 南	北 西 東 南	北 西 東 南	北 西 東 南	北 西 東 南	北 西 東 南

金運　恋愛運　凶　告知

仕事運　能力 UP　注意

10 月 October 甲戌月 霜降 10/23 7：14 ♏蠍座 in

	丑時 1 時～3 時	寅時 3 時～5 時	卯時 5 時～7 時	辰時 7 時～9 時	巳時 9 時～11 時
21 日 月 戊午	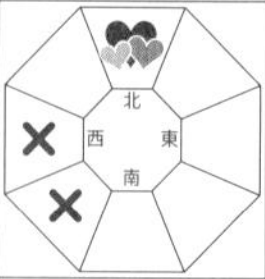 北 西 東 南	 北 西 東 南	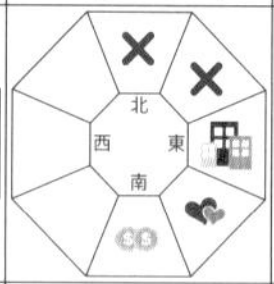 北 西 東 南	 北 西 東 南	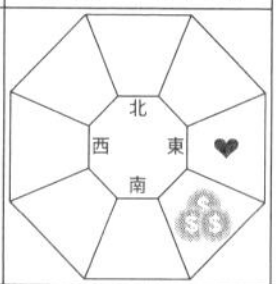 北 西 東 南
22 日 火 己未	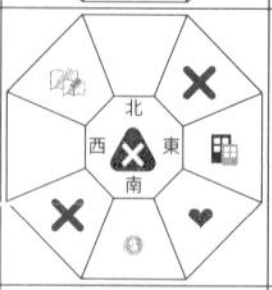 北 西 東 南	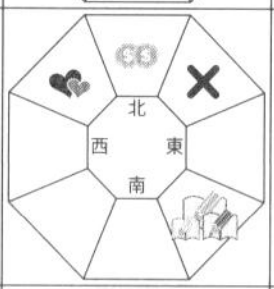 北 西 東 南	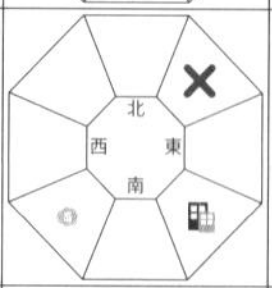 北 西 東 南	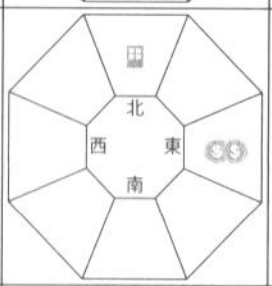 北 西 東 南	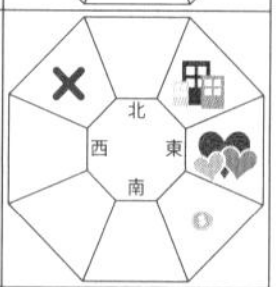 北 西 東 南
23 日 水 庚申 霜降 7：14	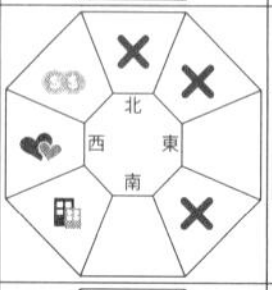 北 西 東 南	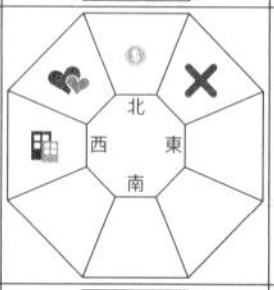 北 西 東 南	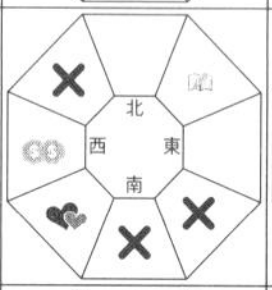 北 西 東 南	 北 西 東 南	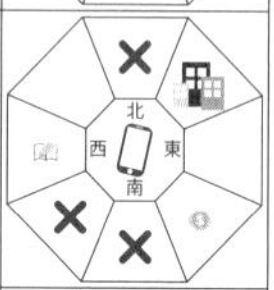 北 西 東 南
24 日 木 辛酉	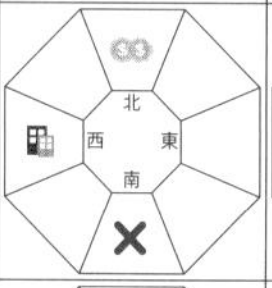 北 西 東 南	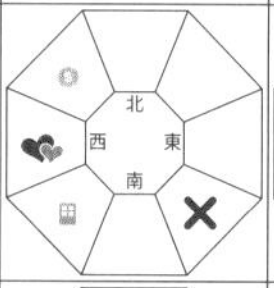 北 西 東 南	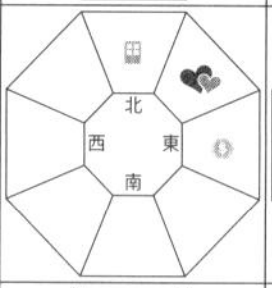 北 西 東 南	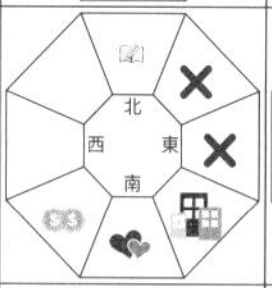 北 西 東 南	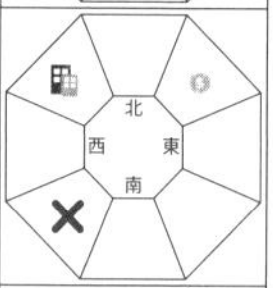 北 西 東 南
25 日 金 壬戌	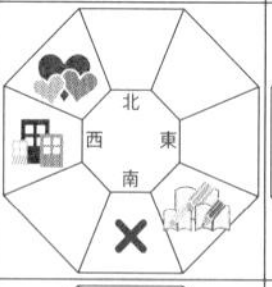 北 西 東 南	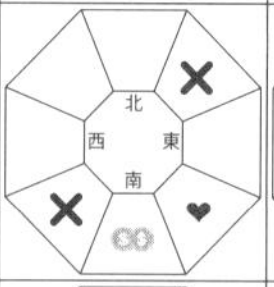 北 西 東 南	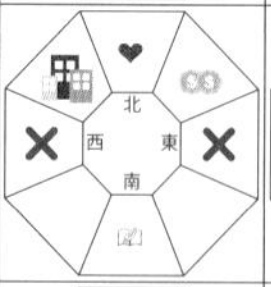 北 西 東 南	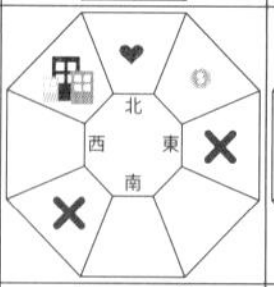 北 西 東 南	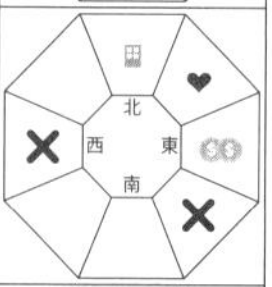 北 西 東 南
26 日 土 癸亥	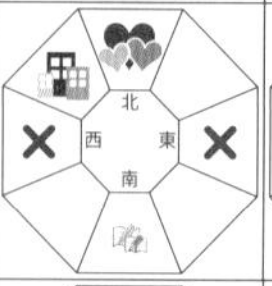 北 西 東 南	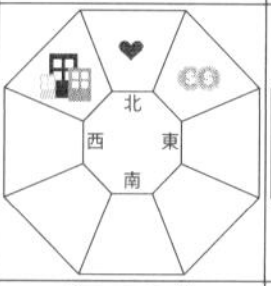 北 西 東 南	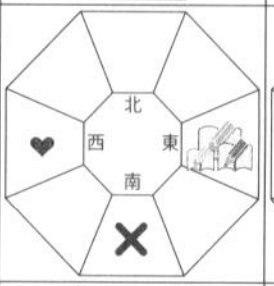 北 西 東 南	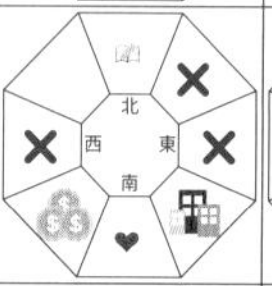 北 西 東 南	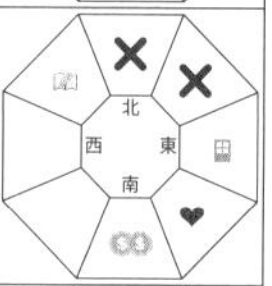 北 西 東 南
27 日 日 甲子	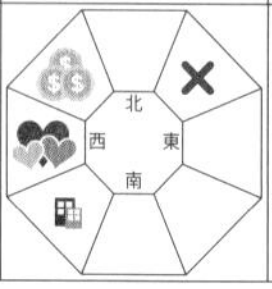 北 西 東 南	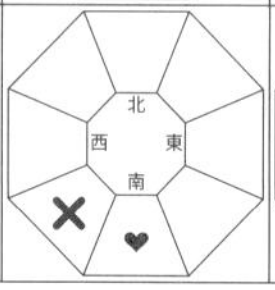 北 西 東 南	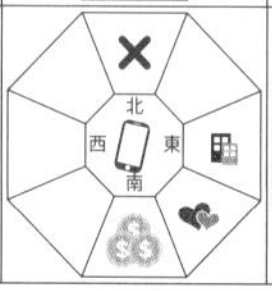 北 西 東 南	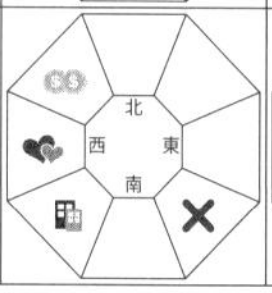 北 西 東 南	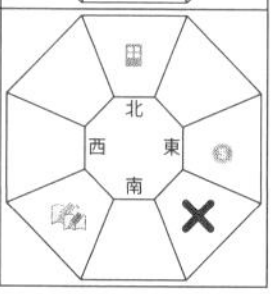 北 西 東 南

金運　　恋愛運　　凶 ✕　　告知

仕事運　　能力 UP　　注意

午時 11時～13時	未時 13時～15時	申時 15時～17時	酉時 17時～19時	戌時 19時～21時	亥時 21時～23時
北 西 東 南	北 西 東 南	北 西 東 南	北 西 東 南	北 西 東 南	北 西 東 南
北 西 東 南	北 西 東 南	北 西 東 南	北 西 東 南	北 西 東 南	北 西 東 南
北 西 東 南	北 西 東 南	北 西 東 南	北 西 東 南	北 西 東 南	北 西 東 南
北 西 東 南	北 西 東 南	北 西 東 南	北 西 東 南	北 西 東 南	北 西 東 南
北 西 東 南	北 西 東 南	北 西 東 南	北 西 東 南	北 西 東 南	北 西 東 南
北 西 東 南	北 西 東 南	北 西 東 南	北 西 東 南	北 西 東 南	北 西 東 南
北 西 東 南	北 西 東 南	北 西 東 南	北 西 東 南	北 西 東 南	北 西 東 南

金運　恋愛運　凶　告知

仕事運　能力 UP　注意

2024年 甲辰年

10月 / 11月 November 乙亥月

節入り 11/7　7：20

	丑時 1時～3時	寅時 3時～5時	卯時 5時～7時	辰時 7時～9時	巳時 9時～11時
28日　月 乙丑	北 西 東 南	北 西 東 南	北 西 東 南	北 西 東 南	北 西 東 南
29日　火 丙寅	北 西 東 南	北 西 東 南	北 西 東 南	北 西 東 南	北 西 東 南
30日　水 丁卯	北 西 東 南	北 西 東 南	北 西 東 南	北 西 東 南	北 西 東 南
31日　木 戊辰	北 西 東 南	北 西 東 南	北 西 東 南	北 西 東 南	北 西 東 南
1日　金 己巳 新月 21：47	北 西 東 南	北 西 東 南	北 西 東 南	北 西 東 南	北 西 東 南
2日　土 庚午	北 西 東 南	北 西 東 南	北 西 東 南	北 西 東 南	北 西 東 南
3日　日 辛未 文化の日	北 西 東 南	北 西 東 南	北 西 東 南	北 西 東 南	北 西 東 南

金運　　恋愛運　　凶 ×　　告知

仕事運　　能力 UP　　注意

午時 11時～13時	未時 13時～15時	申時 15時～17時	酉時 17時～19時	戌時 19時～21時	亥時 21時～23時
北 西 東 南	北 西 東 南	北 西 東 南	北 西 東 南	北 西 東 南	北 西 東 南
北 西 東 南	北 西 東 南	北 西 東 南	北 西 東 南	北 西 東 南	北 西 東 南
北 西 東 南	北 西 東 南	北 西 東 南	北 西 東 南	北 西 東 南	北 西 東 南
北 西 東 南	北 西 東 南	北 西 東 南	北 西 東 南	北 西 東 南	北 西 東 南
北 西 東 南	北 西 東 南	北 西 東 南	北 西 東 南	北 西 東 南	北 西 東 南
北 西 東 南	北 西 東 南	北 西 東 南	北 西 東 南	北 西 東 南	北 西 東 南
北 西 東 南	北 西 東 南	北 西 東 南	北 西 東 南	北 西 東 南	北 西 東 南

金運　恋愛運　凶　告知

仕事運　能力 UP　注意

11 月 November 乙亥月 節入り 11/7 7：20

	丑時 1 時～ 3 時	寅時 3 時～ 5 時	卯時 5 時～ 7 時	辰時 7 時～ 9 時	巳時 9 時～ 11 時
4 日 月 壬申 休日	北 西 東 南	北 西 東 南	北 西 東 南	北 西 東 南	北 西 東 南
5 日 火 癸酉	北 西 東 南	北 西 東 南	北 西 東 南	北 西 東 南	北 西 東 南
6 日 水 甲戌	北 西 東 南	北 西 東 南	北 西 東 南	北 西 東 南	北 西 東 南
7 日 木 乙亥 立冬 7：20	北 西 東 南	北 西 東 南	北 西 東 南	北 西 東 南	北 西 東 南
8 日 金 丙子	北 西 東 南	北 西 東 南	北 西 東 南	北 西 東 南	北 西 東 南
9 日 土 丁丑	北 西 東 南	北 西 東 南	北 西 東 南	北 西 東 南	北 西 東 南
10 日 日 戊寅	北 西 東 南	北 西 東 南	北 西 東 南	北 西 東 南	北 西 東 南

金運　恋愛運　凶　告知

仕事運　能力 UP　注意

午時 11時～13時	未時 13時～15時	申時 15時～17時	酉時 17時～19時	戌時 19時～21時	亥時 21時～23時
北 西 東 南	北 西 東 南	北 西 東 南	北 西 東 南	北 西 東 南	北 西 東 南
北 西 東 南	北 西 東 南	北 西 東 南	北 西 東 南	北 西 東 南	北 西 東 南
北 西 東 南	北 西 東 南	北 西 東 南	北 西 東 南	北 西 東 南	北 西 東 南
北 西 東 南	北 西 東 南	北 西 東 南	北 西 東 南	北 西 東 南	北 西 東 南
北 西 東 南	北 西 東 南	北 西 東 南	北 西 東 南	北 西 東 南	北 西 東 南
北 西 東 南	北 西 東 南	北 西 東 南	北 西 東 南	北 西 東 南	北 西 東 南
北 西 東 南	北 西 東 南	北 西 東 南	北 西 東 南	北 西 東 南	北 西 東 南

金運　恋愛運　凶　告知

仕事運　能力 UP　注意

11月 November 乙亥月

	丑時 1時～3時	寅時 3時～5時	卯時 5時～7時	辰時 7時～9時	巳時 9時～11時
11日 月 己卯	 北 西 東 南	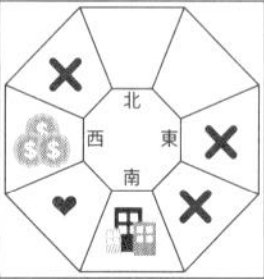 北 西 東 南	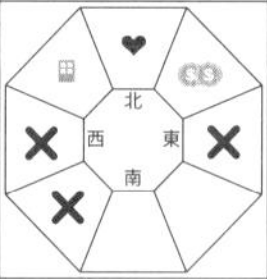 北 西 東 南	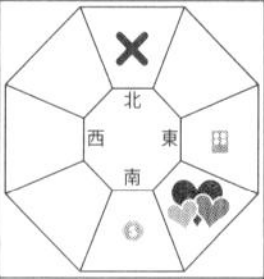 北 西 東 南	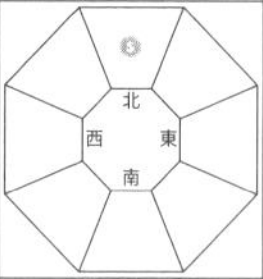 北 西 東 南
12日 火 庚辰	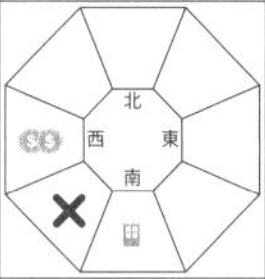 北 西 東 南	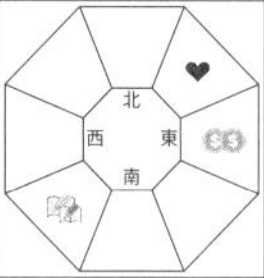 北 西 東 南	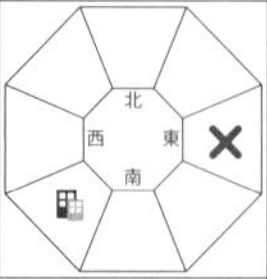 北 西 東 南	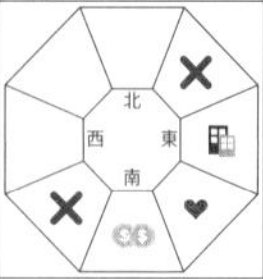 北 西 東 南	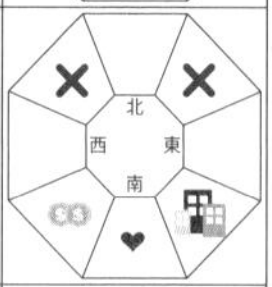 北 西 東 南
13日 水 辛巳	 北 西 東 南	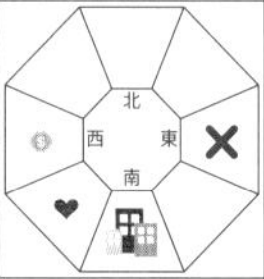 北 西 東 南	 北 西 東 南	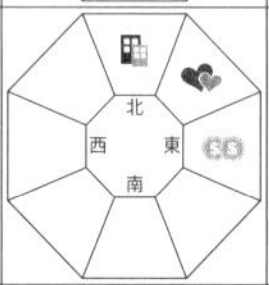 北 西 東 南	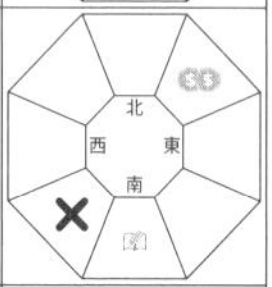 北 西 東 南
14日 木 壬午	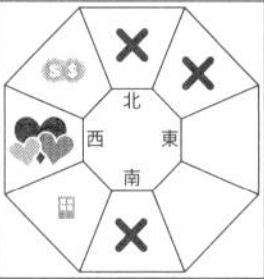 北 西 東 南	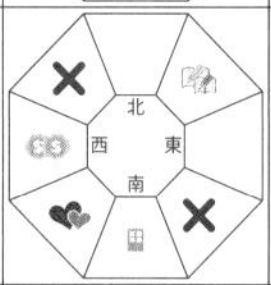 北 西 東 南	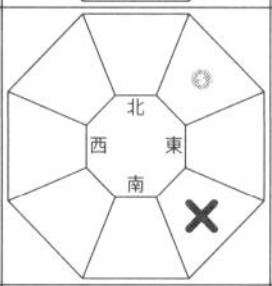 北 西 東 南	 北 西 東 南	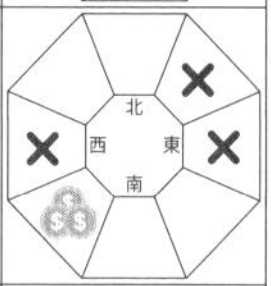 北 西 東 南
15日 金 癸未	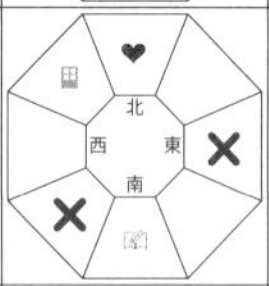 北 西 東 南	 北 西 東 南	 北 西 東 南	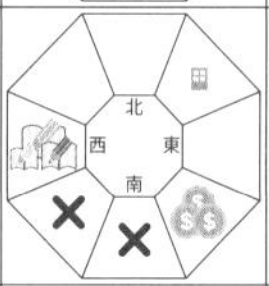 北 西 東 南	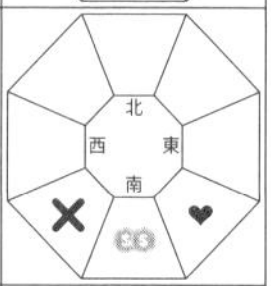 北 西 東 南
16日 土 甲申 満月 6：29	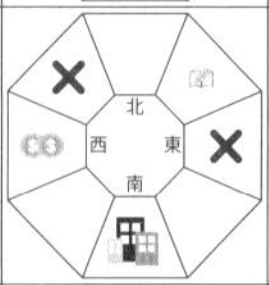 北 西 東 南	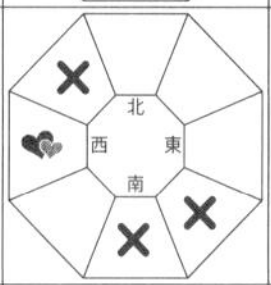 北 西 東 南	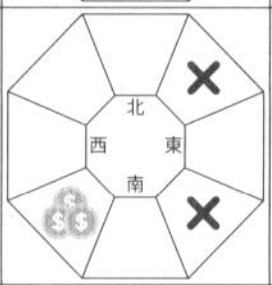 北 西 東 南	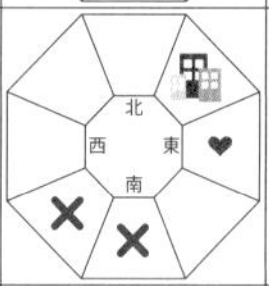 北 西 東 南	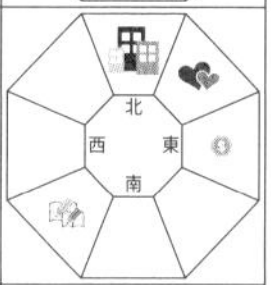 北 西 東 南
17日 日 乙酉	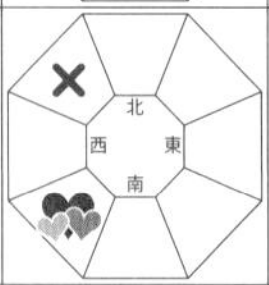 北 西 東 南	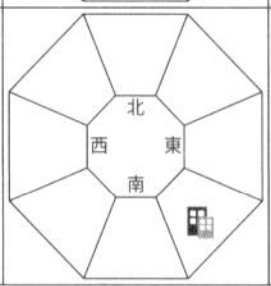 北 西 東 南	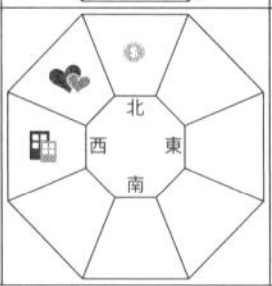 北 西 東 南	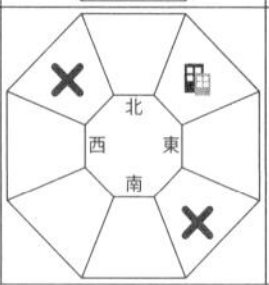 北 西 東 南	 北 西 東 南

金運　恋愛運　凶　告知
仕事運　能力UP　注意

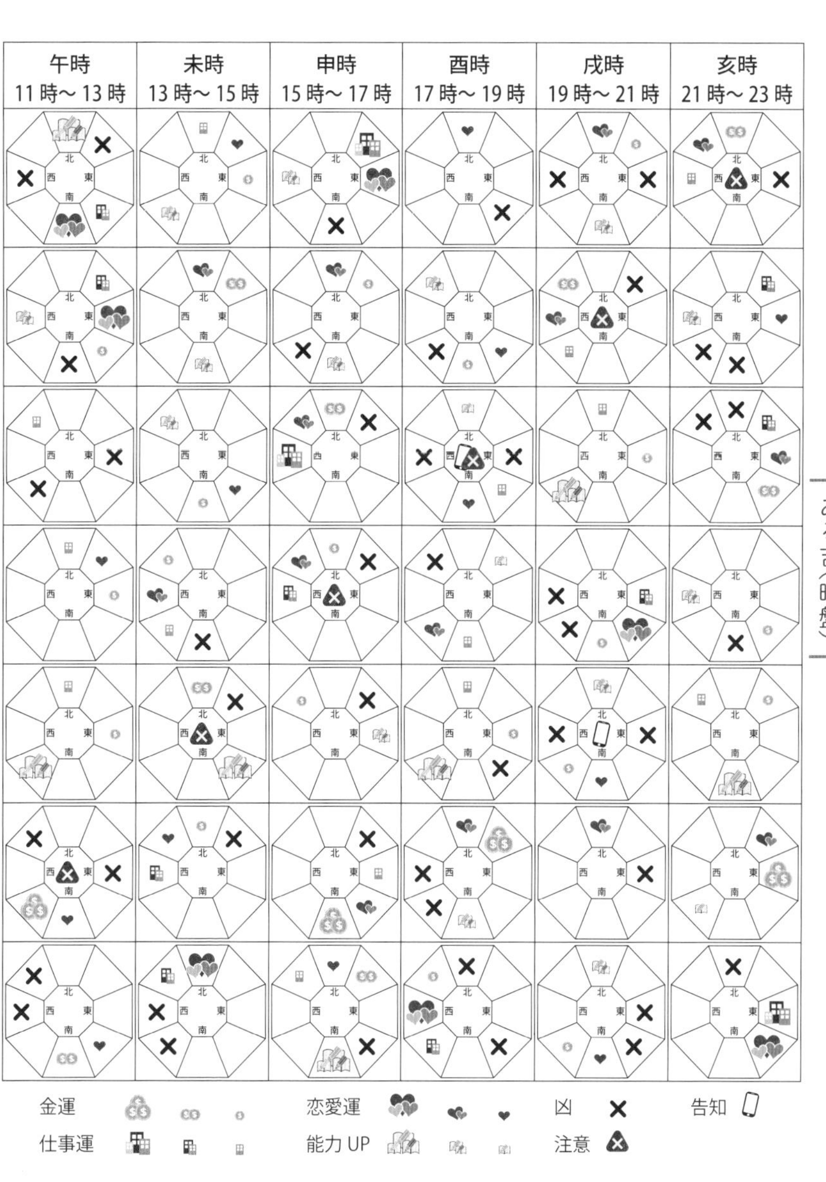
午時
11時～13時
未時
13時～15時
申時
15時～17時
酉時
17時～19時
戌時
19時～21時
亥時
21時～23時
北
西
東
南
金運
恋愛運
凶
告知
仕事運
能力UP
注意

2024年 甲辰年

11月　November　乙亥月

小雪 11/22　4：56　↗ 射手座 in

	丑時 1時～3時	寅時 3時～5時	卯時 5時～7時	辰時 7時～9時	巳時 9時～11時
18日　月 丙戌	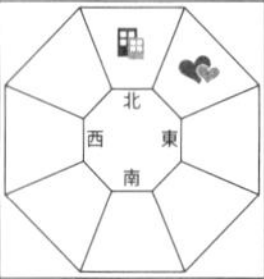 北 西 東 南	 北 西 東 南	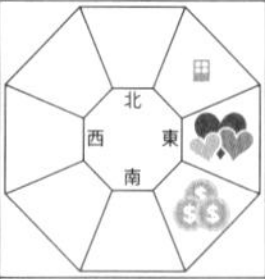 北 西 東 南	 北 西 東 南	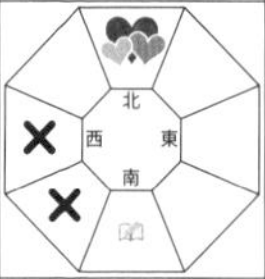 北 西 東 南
19日　火 丁亥	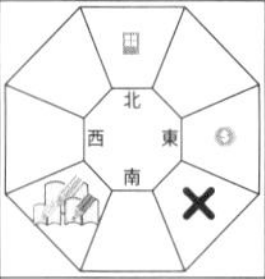 北 西 東 南	 北 西 東 南	 北 西 東 南	 北 西 東 南	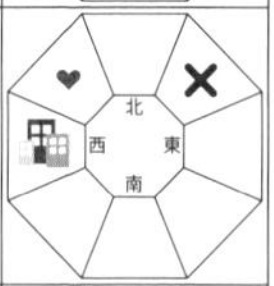 北 西 東 南
20日　水 戊子	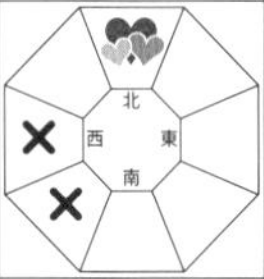 北 西 東 南	 北 西 東 南	 北 西 東 南	 北 西 東 南	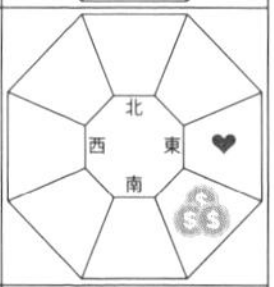 北 西 東 南
21日　木 己丑	 北 西 東 南	 北 西 東 南	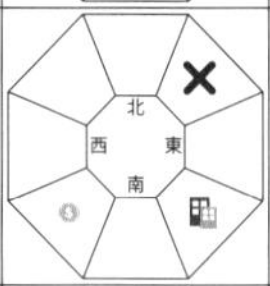 北 西 東 南	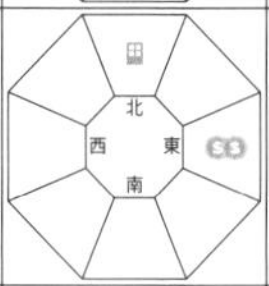 北 西 東 南	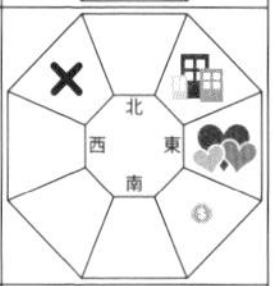 北 西 東 南
22日　金 庚寅 小雪　4：56	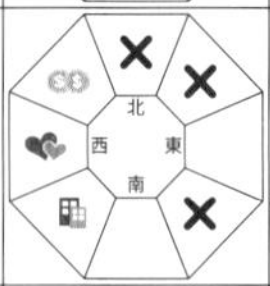 北 西 東 南	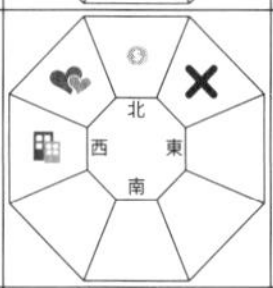 北 西 東 南	 北 西 東 南	 北 西 東 南	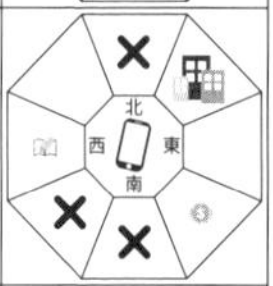 北 西 東 南
23日　土 辛卯 勤労感謝の日	 北 西 東 南	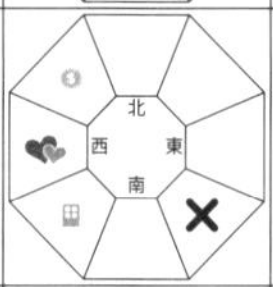 北 西 東 南	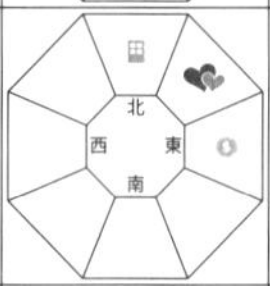 北 西 東 南	 北 西 東 南	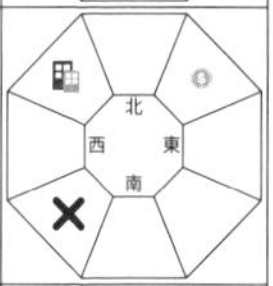 北 西 東 南
24日　日 壬辰	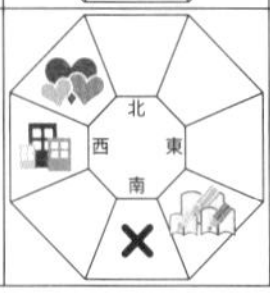 北 西 東 南	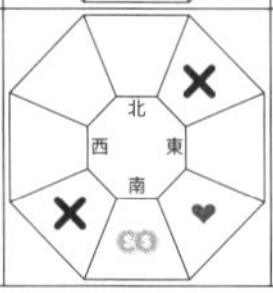 北 西 東 南	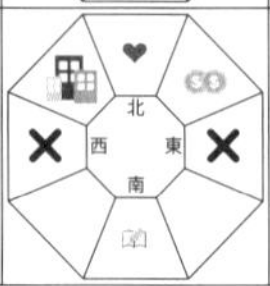 北 西 東 南	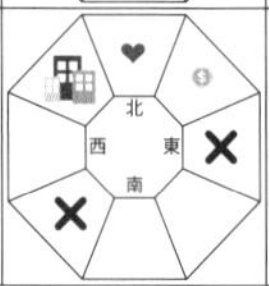 北 西 東 南	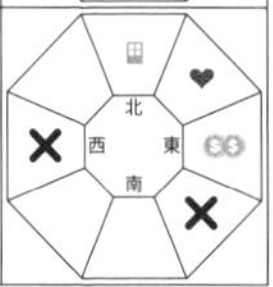 北 西 東 南

金運　　恋愛運　　凶 ×　　告知

仕事運　　能力UP　　注意

午時 11時～13時	未時 13時～15時	申時 15時～17時	酉時 17時～19時	戌時 19時～21時	亥時 21時～23時
北 西 東 南	北 西 東 南	北 西 東 南	北 西 東 南	北 西 東 南	北 西 東 南
北 西 東 南	北 西 東 南	北 西 東 南	北 西 東 南	北 西 東 南	北 西 東 南
北 西 東 南	北 西 東 南	北 西 東 南	北 西 東 南	北 西 東 南	北 西 東 南
北 西 東 南	北 西 東 南	北 西 東 南	北 西 東 南	北 西 東 南	北 西 東 南
北 西 東 南	北 西 東 南	北 西 東 南	北 西 東 南	北 西 東 南	北 西 東 南
北 西 東 南	北 西 東 南	北 西 東 南	北 西 東 南	北 西 東 南	北 西 東 南
北 西 東 南	北 西 東 南	北 西 東 南	北 西 東 南	北 西 東 南	北 西 東 南

金運　恋愛運　凶　告知

仕事運　能力 UP　注意

11月/12月 December 丙子月 節入り 12/7 0：17

	丑時 1時～3時	寅時 3時～5時	卯時 5時～7時	辰時 7時～9時	巳時 9時～11時
25日 月 癸巳	 北 西 東 南	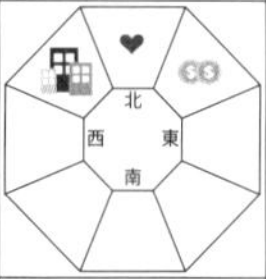 北 西 東 南	 北 西 東 南	 北 西 東 南	 北 西 東 南
26日 火 甲午	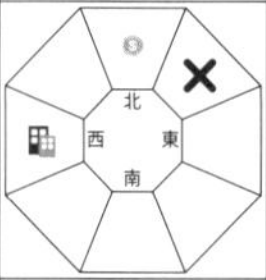 北 西 東 南	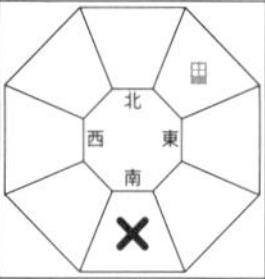 北 西 東 南	 北 西 東 南	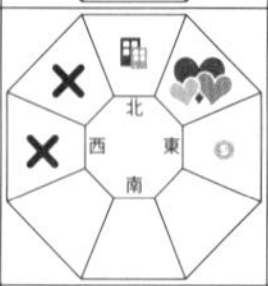 北 西 東 南	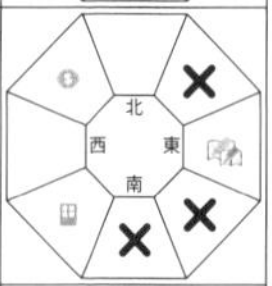 北 西 東 南
27日 水 乙未	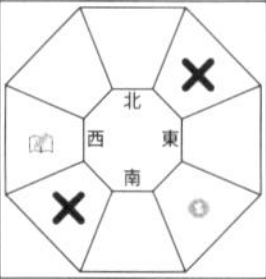 北 西 東 南	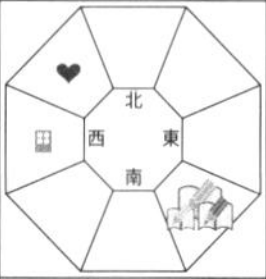 北 西 東 南	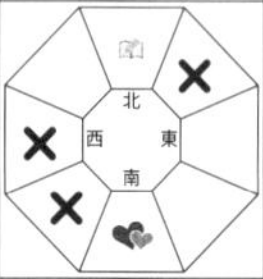 北 西 東 南	 北 西 東 南	 北 西 東 南
28日 木 丙申	 北 西 東 南	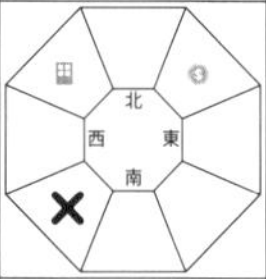 北 西 東 南	 北 西 東 南	 北 西 東 南	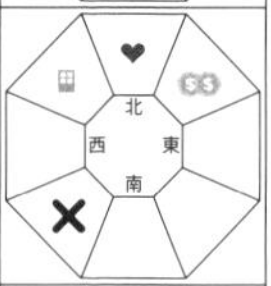 北 西 東 南
29日 金 丁酉	 北 西 東 南	 北 西 東 南	 北 西 東 南	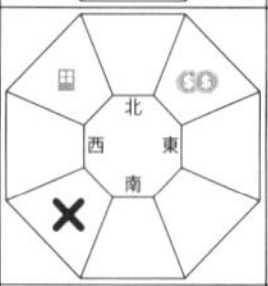 北 西 東 南	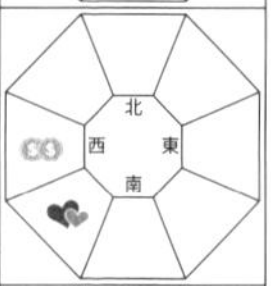 北 西 東 南
30日 土 戊戌	 北 西 東 南	 北 西 東 南	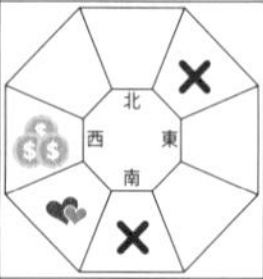 北 西 東 南	 北 西 東 南	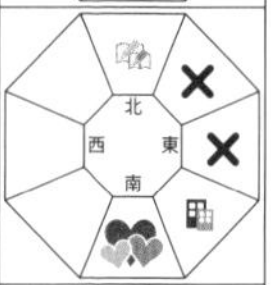 北 西 東 南
1日 日 己亥 新月 15：21	 北 西 東 南	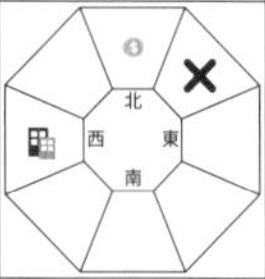 北 西 東 南	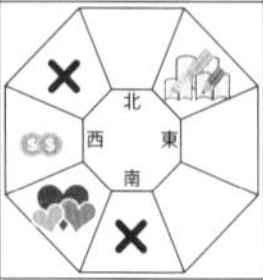 北 西 東 南	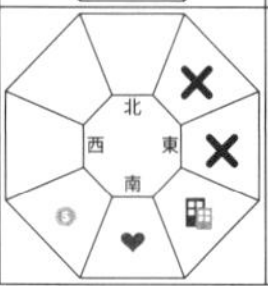 北 西 東 南	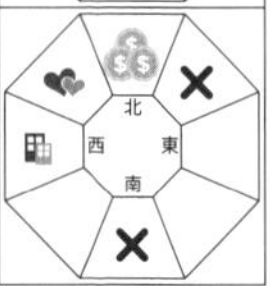 北 西 東 南

金運　恋愛運　凶 ×　告知
仕事運　能力UP　注意

午時 11時～13時	未時 13時～15時	申時 15時～17時	酉時 17時～19時	戌時 19時～21時	亥時 21時～23時
北 西 東 南	北 西 東 南	北 西 東 南	北 西 東 南	北 西 東 南	北 西 東 南
北 西 東 南	北 西 東 南	北 西 東 南	北 西 東 南	北 西 東 南	北 西 東 南
北 西 東 南	北 西 東 南	北 西 東 南	北 西 東 南	北 西 東 南	北 西 東 南
北 西 東 南	北 西 東 南	北 西 東 南	北 西 東 南	北 西 東 南	北 西 東 南
北 西 東 南	北 西 東 南	北 西 東 南	北 西 東 南	北 西 東 南	北 西 東 南
北 西 東 南	北 西 東 南	北 西 東 南	北 西 東 南	北 西 東 南	北 西 東 南
北 西 東 南	北 西 東 南	北 西 東 南	北 西 東 南	北 西 東 南	北 西 東 南

金運　恋愛運　凶　告知

仕事運　能力 UP　注意

2024 年 甲辰年

12 月 December　丙子月　節入り 12/7　0：17

	丑時 1 時～ 3 時	寅時 3 時～ 5 時	卯時 5 時～ 7 時	辰時 7 時～ 9 時	巳時 9 時～ 11 時
2日　月 庚子					
3日　火 辛丑					
4日　水 壬寅					
5日　木 癸卯					
6日　金 甲辰					
7日　土 乙巳 大雪　0：17					
8日　日 丙午					

金運　恋愛運　凶　告知

仕事運　能力 UP　注意

午時 11 時～ 13 時	未時 13 時～ 15 時	申時 15 時～ 17 時	酉時 17 時～ 19 時	戌時 19 時～ 21 時	亥時 21 時～ 23 時
北 西 東 南	北 西 東 南	北 西 東 南	北 西 東 南	北 西 東 南	北 西 東 南
北 西 東 南	北 西 東 南	北 西 東 南	北 西 東 南	北 西 東 南	北 西 東 南
北 西 東 南	北 西 東 南	北 西 東 南	北 西 東 南	北 西 東 南	北 西 東 南
北 西 東 南	北 西 東 南	北 西 東 南	北 西 東 南	北 西 東 南	北 西 東 南
北 西 東 南	北 西 東 南	北 西 東 南	北 西 東 南	北 西 東 南	北 西 東 南
北 西 東 南	北 西 東 南	北 西 東 南	北 西 東 南	北 西 東 南	北 西 東 南
北 西 東 南	北 西 東 南	北 西 東 南	北 西 東 南	北 西 東 南	北 西 東 南

金運　恋愛運　凶 ✕　告知

仕事運　能力 UP　注意

12月 December 丙子月

	丑時 1時～3時	寅時 3時～5時	卯時 5時～7時	辰時 7時～9時	巳時 9時～11時
9日 月 丁未	北 西 東 南	北 西 東 南	北 西 東 南	北 西 東 南	北 西 東 南
10日 火 戊申	北 西 東 南	北 西 東 南	北 西 東 南	北 西 東 南	北 西 東 南
11日 水 己酉	北 西 東 南	北 西 東 南	北 西 東 南	北 西 東 南	北 西 東 南
12日 木 庚戌	北 西 東 南	北 西 東 南	北 西 東 南	北 西 東 南	北 西 東 南
13日 金 辛亥	北 西 東 南	北 西 東 南	北 西 東 南	北 西 東 南	北 西 東 南
14日 土 壬子	北 西 東 南	北 西 東 南	北 西 東 南	北 西 東 南	北 西 東 南
15日 日 癸丑 満月 18：02	北 西 東 南	北 西 東 南	北 西 東 南	北 西 東 南	北 西 東 南

金運　恋愛運　凶　告知

仕事運　能力UP　注意

午時 11 時～ 13 時	未時 13 時～ 15 時	申時 15 時～ 17 時	酉時 17 時～ 19 時	戌時 19 時～ 21 時	亥時 21 時～ 23 時
北 西 東 南	北 西 東 南	北 西 東 南	北 西 東 南	北 西 東 南	北 西 東 南
北 西 東 南	北 西 東 南	北 西 東 南	北 西 東 南	北 西 東 南	北 西 東 南
北 西 東 南	北 西 東 南	北 西 東 南	北 西 東 南	北 西 東 南	北 西 東 南
北 西 東 南	北 西 東 南	北 西 東 南	北 西 東 南	北 西 東 南	北 西 東 南
北 西 東 南	北 西 東 南	北 西 東 南	北 西 東 南	北 西 東 南	北 西 東 南
北 西 東 南	北 西 東 南	北 西 東 南	北 西 東 南	北 西 東 南	北 西 東 南
北 西 東 南	北 西 東 南	北 西 東 南	北 西 東 南	北 西 東 南	北 西 東 南

金運　恋愛運　凶　告知

仕事運　能力 UP　注意

12月 December 丙子月 冬至 12/21 18：20 ♑ 山羊座 in

	丑時 1時～3時	寅時 3時～5時	卯時 5時～7時	辰時 7時～9時	巳時 9時～11時
16日 月 甲寅		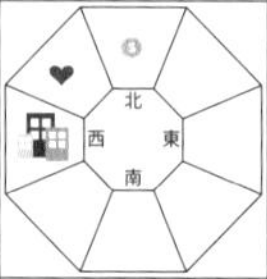			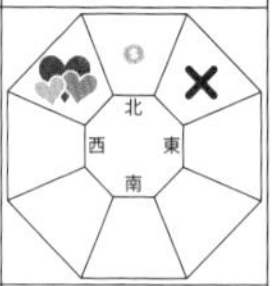
17日 火 乙卯		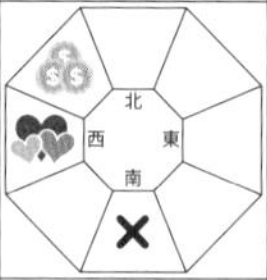	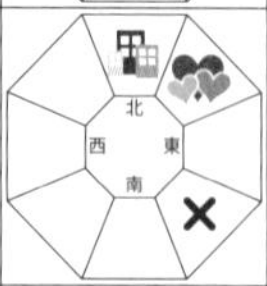		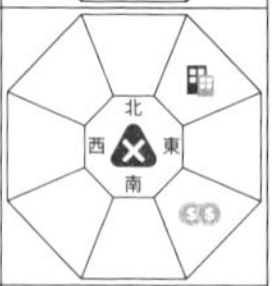
18日 水 丙辰	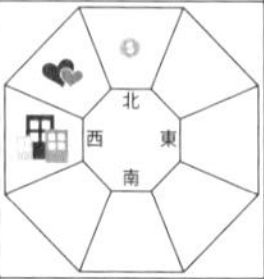		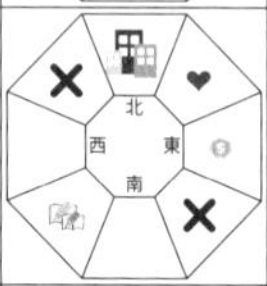		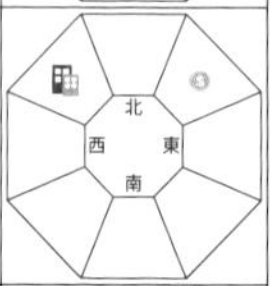
19日 木 丁巳		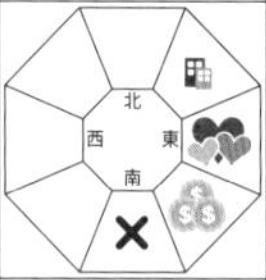		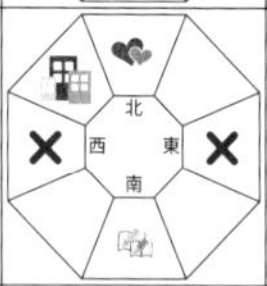	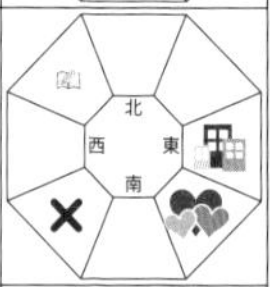
20日 金 戊午	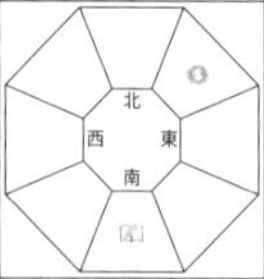		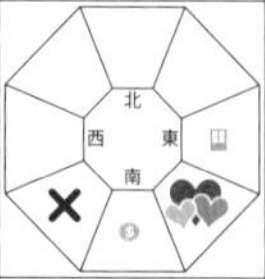	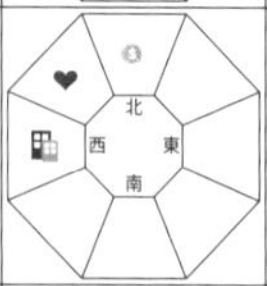	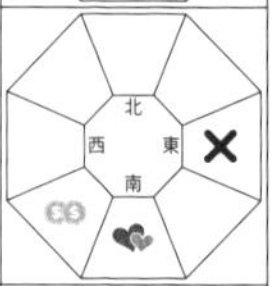
21日 土 己未 冬至 18：20			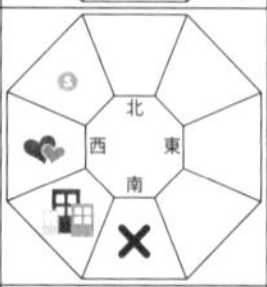	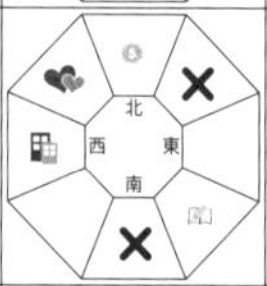	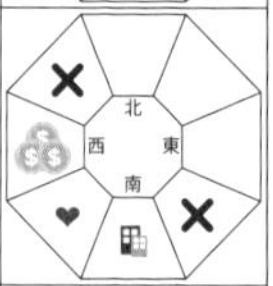
22日 日 庚申			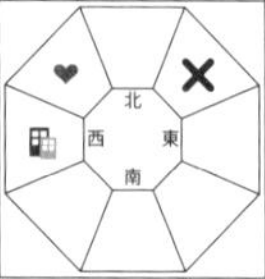		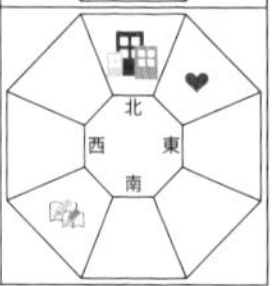

金運　恋愛運　凶　告知

仕事運　能力 UP　注意

午時 11 時～13 時	未時 13 時～15 時	申時 15 時～17 時	酉時 17 時～19 時	戌時 19 時～21 時	亥時 21 時～23 時
北 西 東 南	北 西 東 南	北 西 東 南	北 西 東 南	北 西 東 南	北 西 東 南
北 西 東 南	北 西 東 南	北 西 東 南	北 西 東 南	北 西 東 南	北 西 東 南
北 西 東 南	北 西 東 南	北 西 東 南	北 西 東 南	北 西 東 南	北 西 東 南
北 西 東 南	北 西 東 南	北 西 東 南	北 西 東 南	北 西 東 南	北 西 東 南
北 西 東 南	北 西 東 南	北 西 東 南	北 西 東 南	北 西 東 南	北 西 東 南
北 西 東 南	北 西 東 南	北 西 東 南	北 西 東 南	北 西 東 南	北 西 東 南
北 西 東 南	北 西 東 南	北 西 東 南	北 西 東 南	北 西 東 南	北 西 東 南

金運　　恋愛運　　凶　　告知

仕事運　　能力 UP　　注意

12月 December 丙子月

	丑時 1時～3時	寅時 3時～5時	卯時 5時～7時	辰時 7時～9時	巳時 9時～11時
23日 月 辛酉	北 西 東 南	北 西 東 南	北 西 東 南	北 西 東 南	北 西 東 南
24日 火 壬戌	北 西 東 南	北 西 東 南	北 西 東 南	北 西 東 南	北 西 東 南
25日 水 癸亥	北 西 東 南	北 西 東 南	北 西 東 南	北 西 東 南	北 西 東 南
26日 木 甲子	北 西 東 南	北 西 東 南	北 西 東 南	北 西 東 南	北 西 東 南
27日 金 乙丑	北 西 東 南	北 西 東 南	北 西 東 南	北 西 東 南	北 西 東 南
28日 土 丙寅	北 西 東 南	北 西 東 南	北 西 東 南	北 西 東 南	北 西 東 南
29日 日 丁卯	北 西 東 南	北 西 東 南	北 西 東 南	北 西 東 南	北 西 東 南

金運　恋愛運　凶 ✕　告知
仕事運　能力UP　注意

午時 11時～13時	未時 13時～15時	申時 15時～17時	酉時 17時～19時	戌時 19時～21時	亥時 21時～23時
北 西 東 南	北 西 東 南	北 西 東 南	北 西 東 南	北 西 東 南	北 西 東 南
北 西 東 南	北 西 東 南	北 西 東 南	北 西 東 南	北 西 東 南	北 西 東 南
北 西 東 南	北 西 東 南	北 西 東 南	北 西 東 南	北 西 東 南	北 西 東 南
北 西 東 南	北 西 東 南	北 西 東 南	北 西 東 南	北 西 東 南	北 西 東 南
北 西 東 南	北 西 東 南	北 西 東 南	北 西 東 南	北 西 東 南	北 西 東 南
北 西 東 南	北 西 東 南	北 西 東 南	北 西 東 南	北 西 東 南	北 西 東 南
北 西 東 南	北 西 東 南	北 西 東 南	北 西 東 南	北 西 東 南	北 西 東 南

金運　恋愛運　凶　告知

仕事運　能力 UP　注意

12 月 /1 月 January　丁丑月

節入り 1/5　11：32

	丑時 1 時～ 3 時	寅時 3 時～ 5 時	卯時 5 時～ 7 時	辰時 7 時～ 9 時	巳時 9 時～ 11 時
30 日　月 戊辰	北 西 東 南	北 西 東 南	北 西 東 南	北 西 東 南	北 西 東 南
31 日　火 己巳 新月 7：27	北 西 東 南	北 西 東 南	北 西 東 南	北 西 東 南	北 西 東 南
1 日　水 庚午 元日	北 西 東 南	北 西 東 南	北 西 東 南	北 西 東 南	北 西 東 南
2 日　木 辛未	北 西 東 南	北 西 東 南	北 西 東 南	北 西 東 南	北 西 東 南
3 日　金 壬申	北 西 東 南	北 西 東 南	北 西 東 南	北 西 東 南	北 西 東 南
4 日　土 癸酉	北 西 東 南	北 西 東 南	北 西 東 南	北 西 東 南	北 西 東 南
5 日　日 甲戌 小寒 11：32	北 西 東 南	北 西 東 南	北 西 東 南	北 西 東 南	北 西 東 南

金運　恋愛運　凶　告知
仕事運　能力 UP　注意

午時 11 時～ 13 時	未時 13 時～ 15 時	申時 15 時～ 17 時	酉時 17 時～ 19 時	戌時 19 時～ 21 時	亥時 21 時～ 23 時
北 西 東 南	北 西 東 南	北 西 東 南	北 西 東 南	北 西 東 南	北 西 東 南
北 西 東 南	北 西 東 南	北 西 東 南	北 西 東 南	北 西 東 南	北 西 東 南
北 西 東 南	北 西 東 南	北 西 東 南	北 西 東 南	北 西 東 南	北 西 東 南
北 西 東 南	北 西 東 南	北 西 東 南	北 西 東 南	北 西 東 南	北 西 東 南
北 西 東 南	北 西 東 南	北 西 東 南	北 西 東 南	北 西 東 南	北 西 東 南
北 西 東 南	北 西 東 南	北 西 東 南	北 西 東 南	北 西 東 南	北 西 東 南
北 西 東 南	北 西 東 南	北 西 東 南	北 西 東 南	北 西 東 南	北 西 東 南

金運　恋愛運　凶　告知

仕事運　能力 UP　注意

たび吉（日盤）

にちばん

2024年

1月

1日　元日
8日　成人の日

月	火	水
1	2	3
8	9	10
15	16	17
22	23	24
29	30	31

金運
仕事運
恋愛運
能力UP
凶　×

木	金	土	日
4	5	6	7
11	12	13	14
18	19	20	21
25	26	27	28

2024年

2月

11日　建国記念の日
12日　休日
23日　天皇誕生日

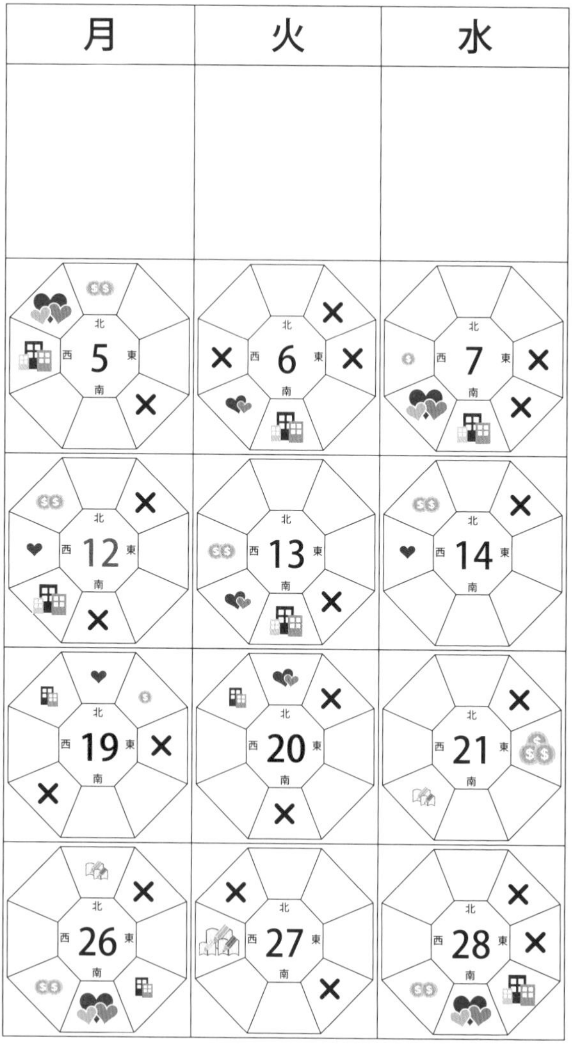

月	火	水
5	6	7
12	13	14
19	20	21
26	27	28

金運
仕事運
恋愛運
能力UP
凶　×

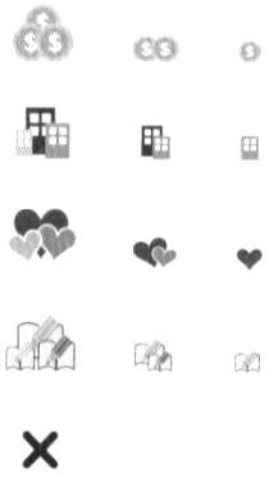

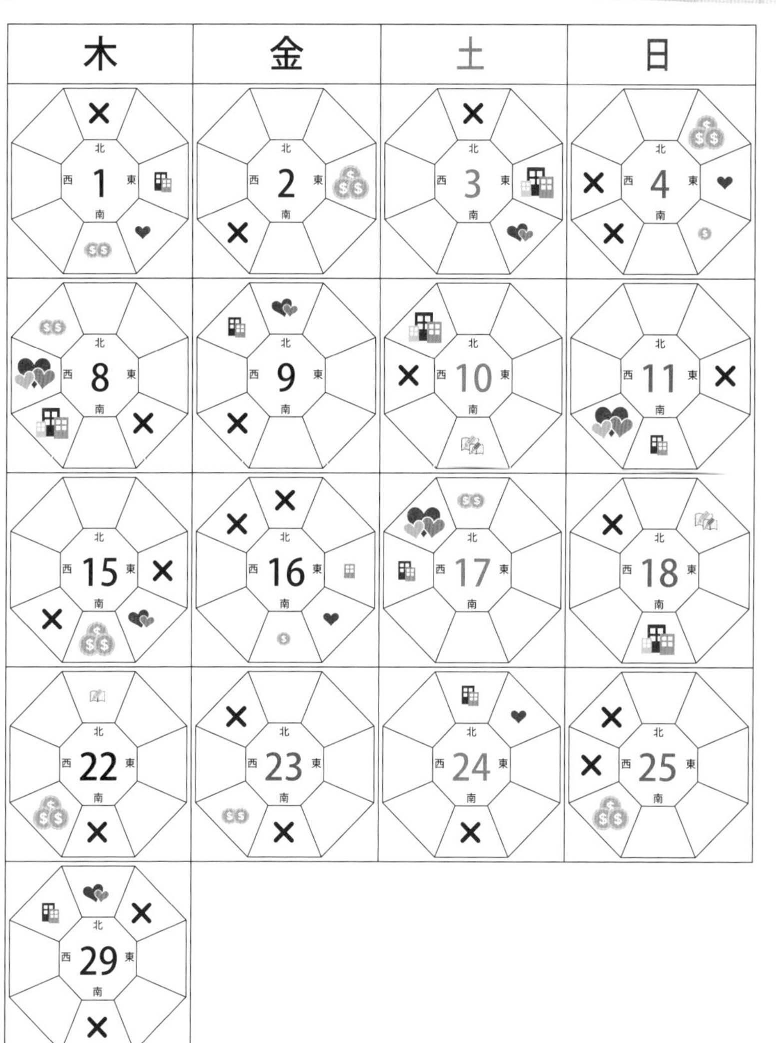
木
金
土
日
1
2
3
4
8
9
10
11
15
16
17
18
22
23
24
25
29
北
東
南
西

2024年

3月

20日　春分の日

月	火	水
北 西 4 東 南	北 西 5 東 南	北 西 6 東 南
北 西 11 東 南	北 西 12 東 南	北 西 13 東 南
北 西 18 東 南	北 西 19 東 南	北 西 20 東 南
北 西 25 東 南	北 西 26 東 南	北 西 27 東 南

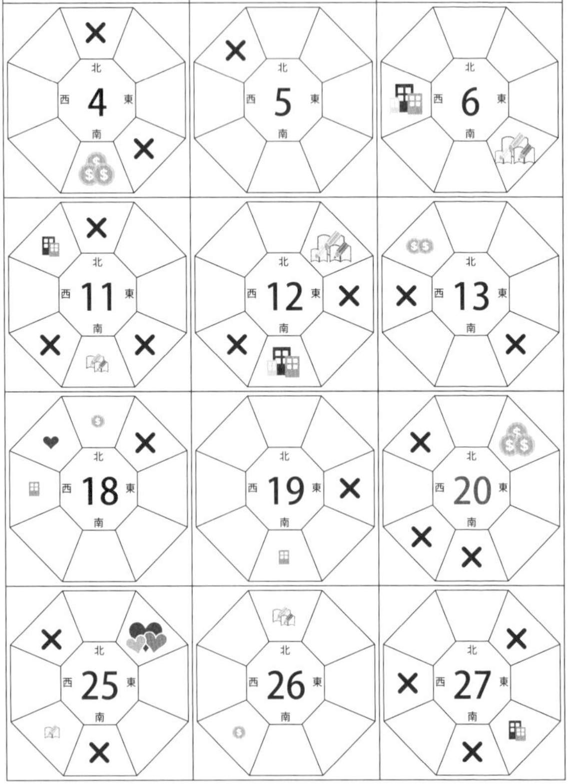

金運

仕事運

恋愛運

能力 UP

凶　×

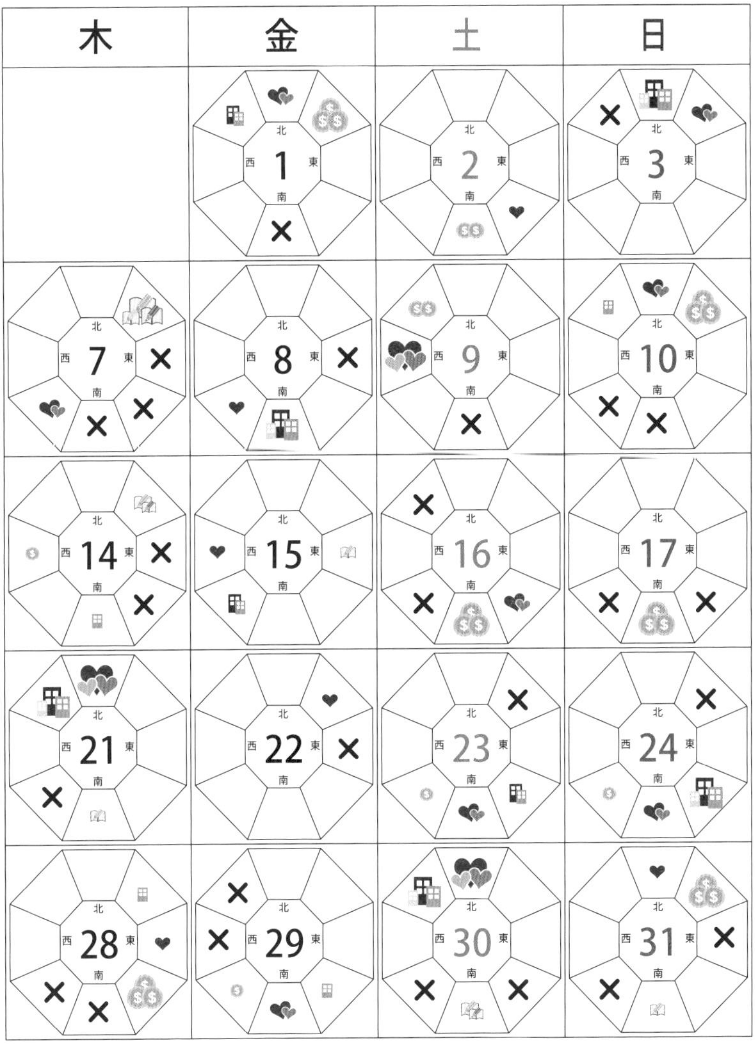

木	金	土	日
	1	2	3
7	8	9	10
14	15	16	17
21	22	23	24
28	29	30	31

2024年

4月

29日　昭和の日

月	火	水
1	2	3
8	9	10
15	16	17
22	23	24
29	30	

金運

仕事運

恋愛運

能力UP

凶　×

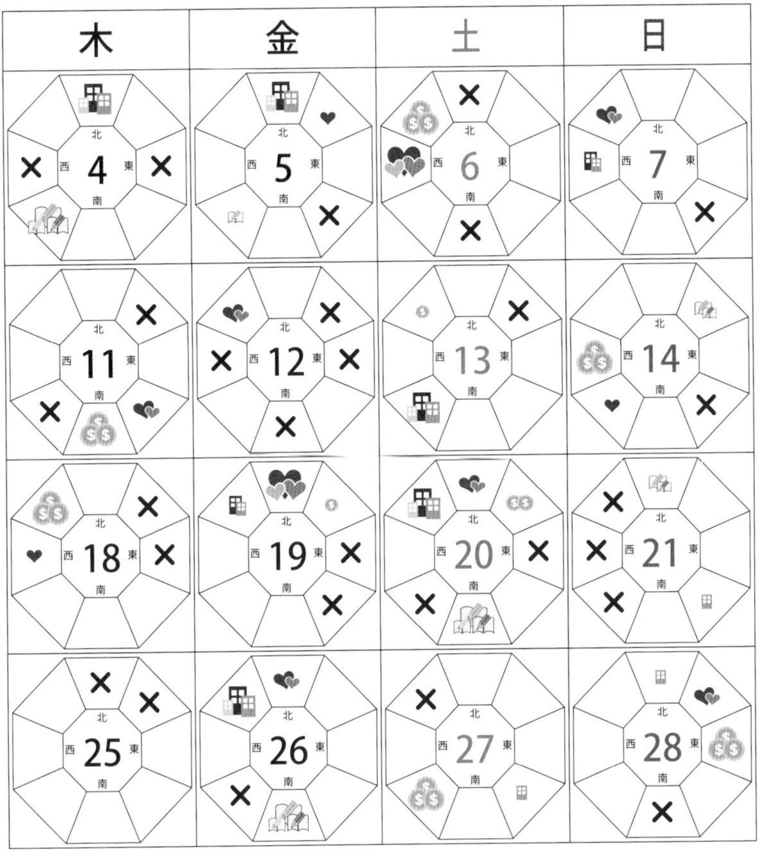

木	金	土	日
4	5	6	7
11	12	13	14
18	19	20	21
25	26	27	28

2024年

5月

3日　憲法記念日
4日　みどりの日
5日　こどもの日
6日　休日

月	火	水
		北 西 1 東 南
北 西 6 東 南	北 西 7 東 南	北 西 8 東 南
北 西 13 東 南	北 西 14 東 南	北 西 15 東 南
北 西 20 東 南	北 西 21 東 南	北 西 22 東 南
北 西 27 東 南	北 西 28 東 南	北 西 29 東 南

金運
仕事運
恋愛運
能力 UP
凶 ×

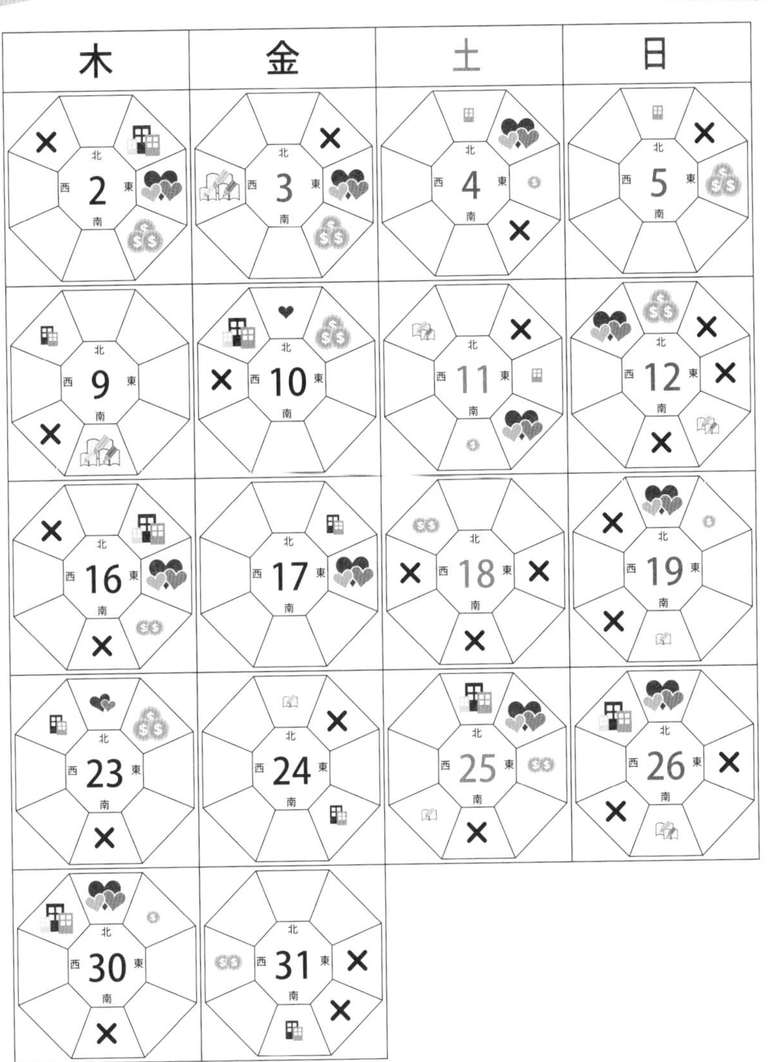
木
金
土
日
北
西
東
南
2
3
4
5
9
10
11
12
16
17
18
19
23
24
25
26
30
31

2024 年

6 月

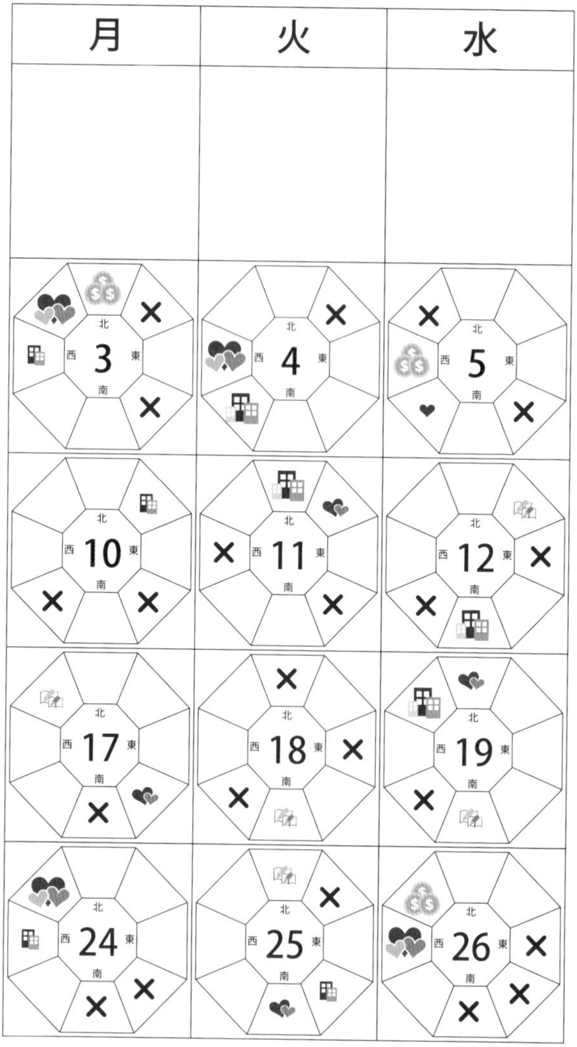

月	火	水
3	4	5
10	11	12
17	18	19
24	25	26

金運

仕事運

恋愛運

能力 UP

凶 ×

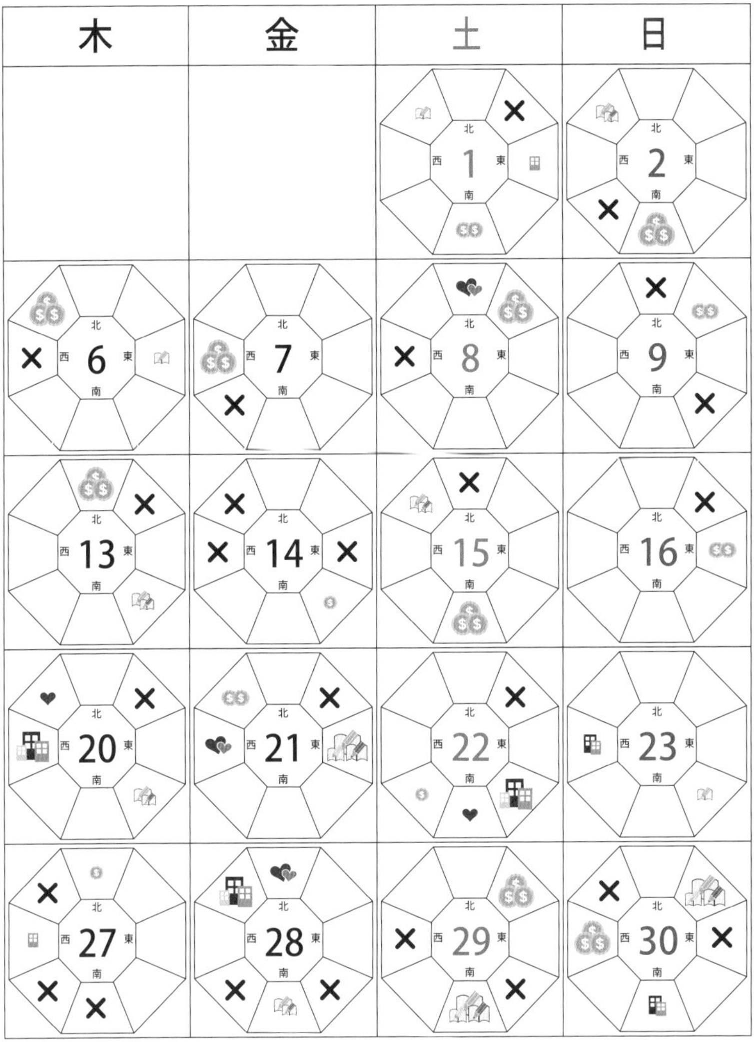

木	金	土	日
		北 西 1 東 南	北 西 2 東 南
北 西 6 東 南	北 西 7 東 南	北 西 8 東 南	北 西 9 東 南
北 西 13 東 南	北 西 14 東 南	北 西 15 東 南	北 西 16 東 南
北 西 20 東 南	北 西 21 東 南	北 西 22 東 南	北 西 23 東 南
北 西 27 東 南	北 西 28 東 南	北 西 29 東 南	北 西 30 東 南

2024 年

7 月

15 日　海の日

月	火	水
1	2	3
8	9	10
15	16	17
22	23	24
29	30	31

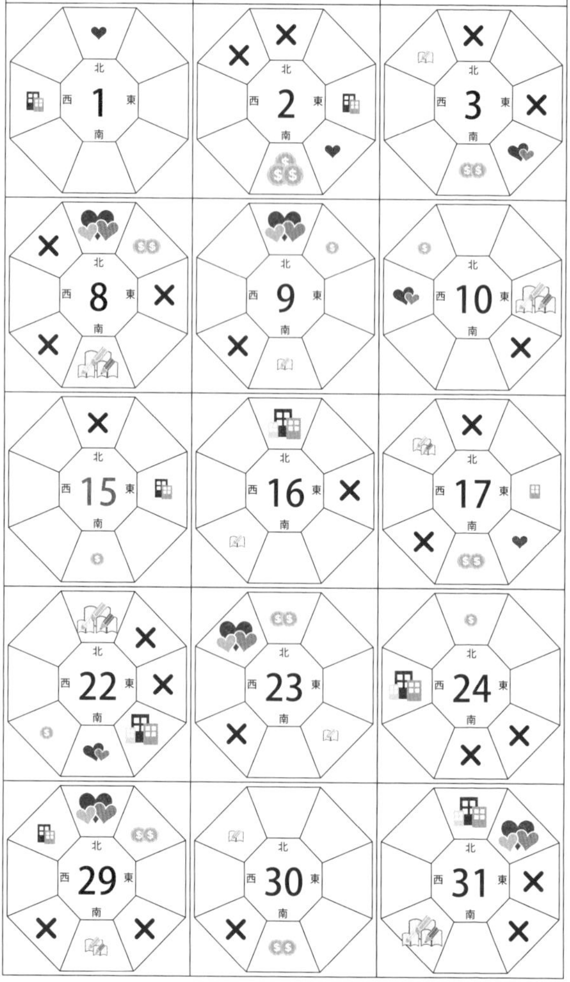

金運

仕事運

恋愛運

能力 UP

凶　×

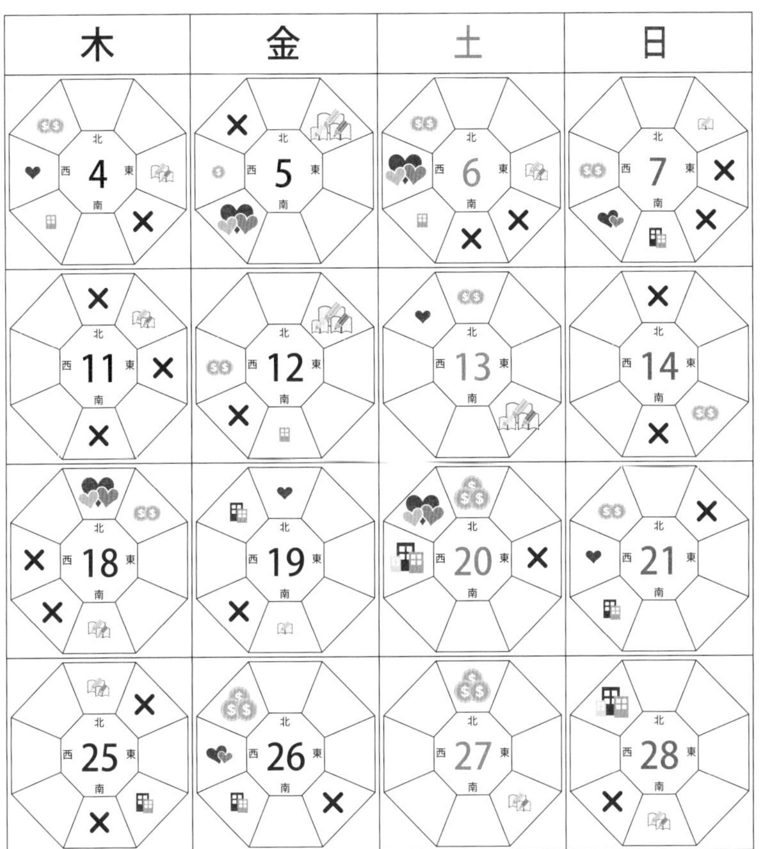
木
金
土
日
4
5
6
7
11
12
13
14
18
19
20
21
25
26
27
28

2024年

8月

11日　山の日

12日　休日

月	火	水
 5	 6	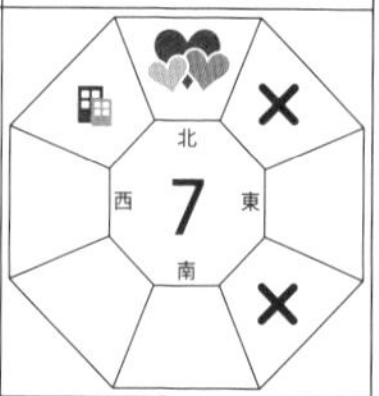 7
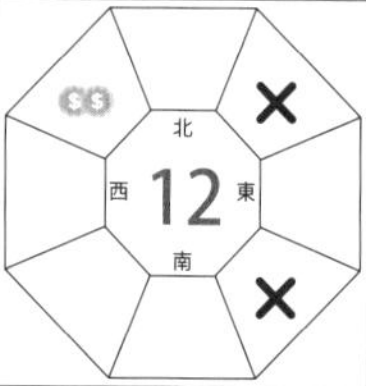 12	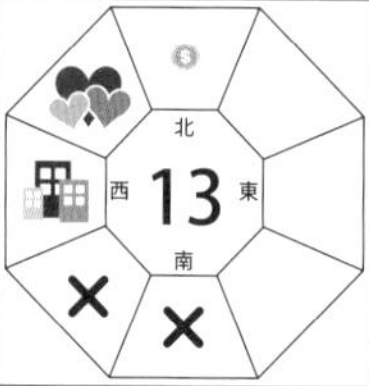 13	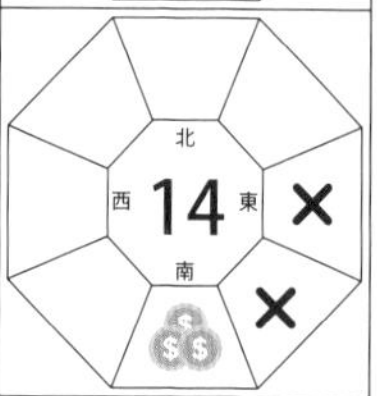 14
 19	 20	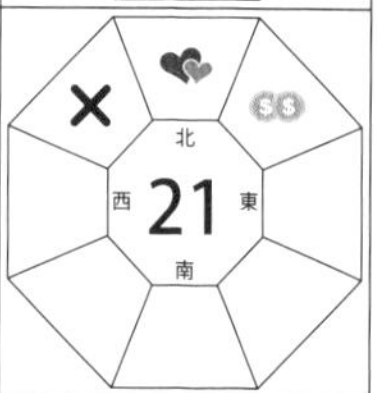 21
 26	 27	 28

金運

仕事運

恋愛運

能力UP

凶　×

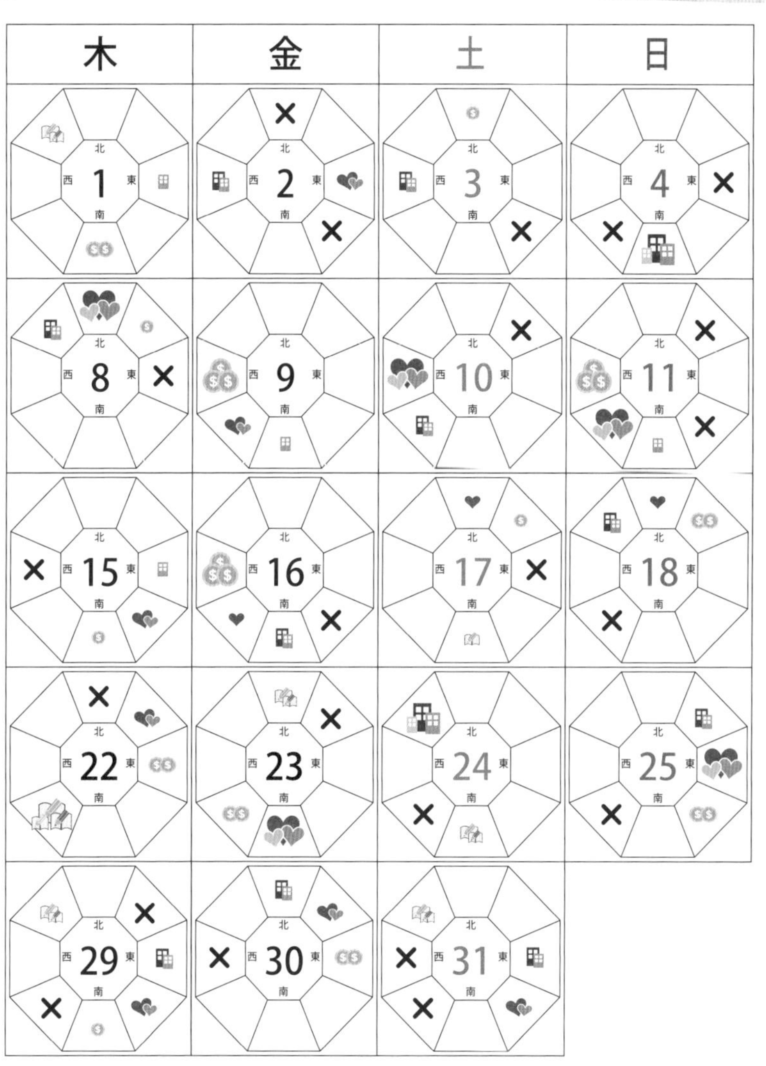
木
金
土
日
1
2
3
4
8
9
10
11
15
16
17
18
22
23
24
25
29
30
31

2024年

9月

16日　敬老の日
22日　秋分の日
23日　休日

月	火	水
北 西 2 東 南	北 西 3 東 南	北 西 4 東 南
北 西 9 東 南	北 西 10 東 南	北 西 11 東 南
北 西 16 東 南	北 西 17 東 南	北 西 18 東 南
北 西 23 東 南	北 西 24 東 南	北 西 25 東 南
北 西 30 東 南		

金運
仕事運
恋愛運
能力UP
凶　×

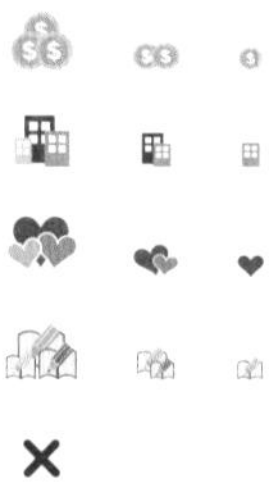

木	金	土	日
			1
5	6	7	8
12	13	14	15
19	20	21	22
26	27	28	29

2024年

10月

14日　スポーツの日

月	火	水
	1	2
7	8	9
14	15	16
21	22	23
28	29	30

金運

仕事運

恋愛運

能力 UP

凶　×

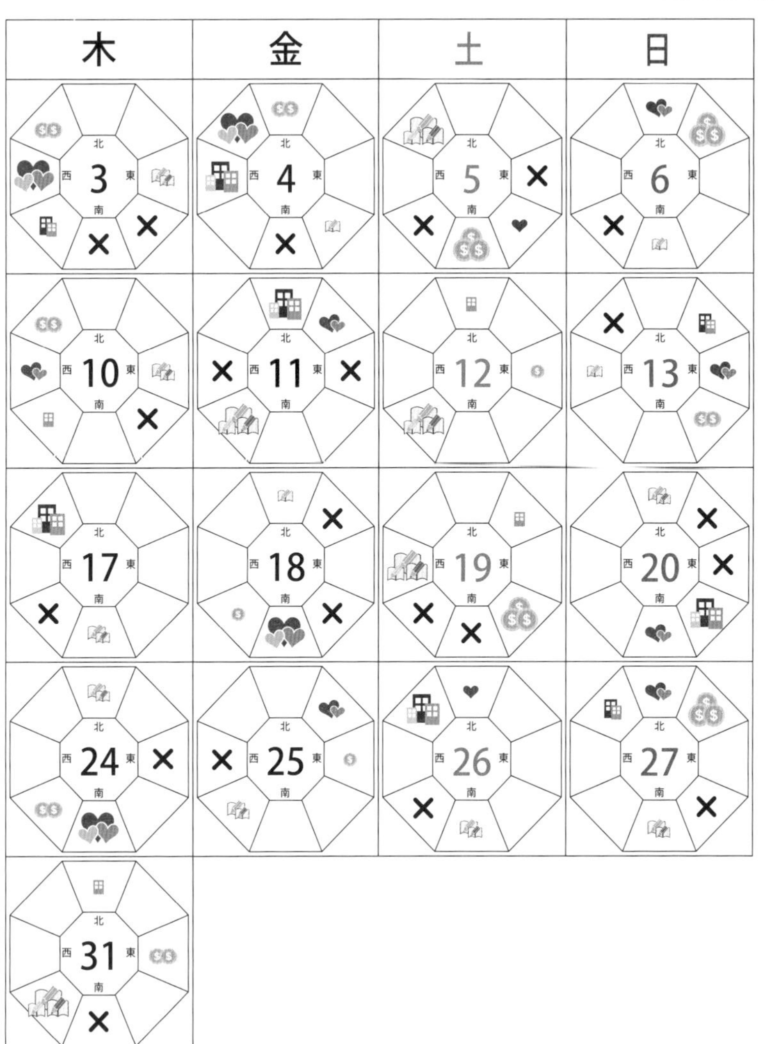
木
金
土
日
3
4
5
6
10
11
12
13
17
18
19
20
24
25
26
27
31

2024年

11月

3日　文化の日
4日　休日
23日　勤労感謝の日

月	火	水
北 西 4 東 南	北 西 5 東 南	北 西 6 東 南
北 西 11 東 南	北 西 12 東 南	北 西 13 東 南
北 西 18 東 南	北 西 19 東 南	北 西 20 東 南
北 西 25 東 南	北 西 26 東 南	北 西 27 東 南

金運
仕事運
恋愛運
能力UP
凶　×

木	金	土	日
	北 西 1 東 南	北 西 2 東 南	北 西 3 東 南
北 西 7 東 南	北 西 8 東 南	北 西 9 東 南	北 西 10 東 南
北 西 14 東 南	北 西 15 東 南	北 西 16 東 南	北 西 17 東 南
北 西 21 東 南	北 西 22 東 南	北 西 23 東 南	北 西 24 東 南
北 西 28 東 南	北 西 29 東 南	北 西 30 東 南	

2024 年

12 月

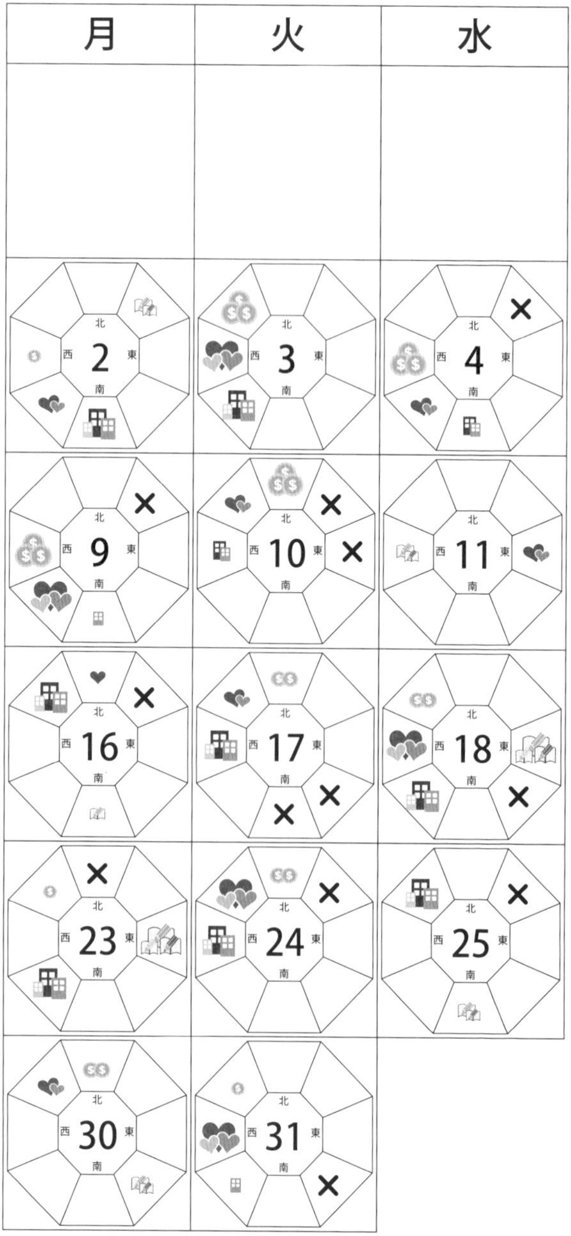

月	火	水
北 西 2 東 南	北 西 3 東 南	北 西 4 東 南
北 西 9 東 南	北 西 10 東 南	北 西 11 東 南
北 西 16 東 南	北 西 17 東 南	北 西 18 東 南
北 西 23 東 南	北 西 24 東 南	北 西 25 東 南
北 西 30 東 南	北 西 31 東 南	

金運

仕事運

恋愛運

能力 UP

凶 ×

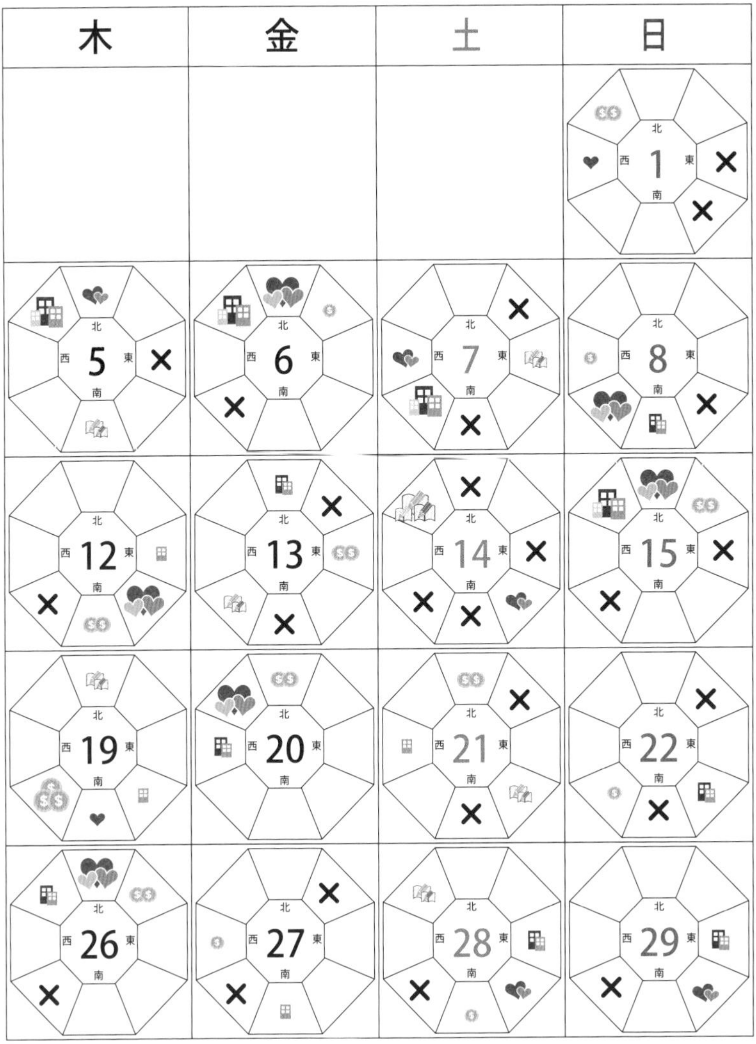

木	金	土	日
			北 西 1 東 南
北 西 5 東 南	北 西 6 東 南	北 西 7 東 南	北 西 8 東 南
北 西 12 東 南	北 西 13 東 南	北 西 14 東 南	北 西 15 東 南
北 西 19 東 南	北 西 20 東 南	北 西 21 東 南	北 西 22 東 南
北 西 26 東 南	北 西 27 東 南	北 西 28 東 南	北 西 29 東 南

あとがき

奇門遁甲開運法『ある吉』を、お手にとっていただきありがとうございます。

2019年に『ある吉』が誕生し、おかげさまで5周年を迎えることができました。
これもひとえに『ある吉』読者のみなさまをはじめ、関係者のみなさまのご支援の賜物と心から感謝しております。

「ある吉Q&A」にも数多くの応援メッセージをいただきました。みなさまからの心のこもった応援が何よりの励みになっております。温かいメッセージをありがとうございます。

2024年はみなさまへの感謝を込めて5周年記念特別企画を準備しています。
「ある吉Q&A・アーロン千生最新情報」ページ（プロフィール欄参照）にて詳細を掲載してまいりますので、ぜひご覧いただけると幸いです。

これからもみなさまに愛される『ある吉』であり続けられるよう精進してまいります。
どうか今後とも『ある吉』をよろしくお願いいたします。

「ある吉Q&A」では、引き続きご質問をお待ちしています（プロフィール欄参照）。

2024年も、「ある吉」「たび吉」を使って、みなさまに素敵な運が開かれますように。

アーロン千生

著者プロフィール

アーロン千生（アーロンちなり）

風水師・開運占術研究家。
住空間・ワークスペースに興味を持ち、風水を学ぶ。
風水に関わる占術、歴史、暦法、択日法、天文学、方位学、家相学、占星学、人相学、中医学などを学び研鑽を重ね、東洋から西洋まで幅広い知識を持つ風水師・開運占術研究家となる。
これらの知識を基に、さまざまな角度から研究・実践し次々と開運法を確立。投資占術、吉日選び（択日）にも定評がある。
また気功やヒプノセラピーを使った能力開発での開運にも実績がある。
風水コンサルティングと並行し、中国伝統風水、奇門遁甲、四柱推命、断易、択日法など東洋占術の講師として人材育成を行い、プロの風水師・占術家が数多く受講している。

風水鑑定、引越し鑑定、択日鑑定、運勢鑑定などの鑑定ご依頼、アーロン千生講座情報の詳細は『ある吉Q&A・アーロン千生最新情報』ページでご案内しています。

『ある吉Q&A・アーロン千生最新情報』
https://ameblo.jp/fengshui-takemiya/entry-12707459525.html

ある吉　2024年版

たった5分歩くだけ！奇門遁甲開運法

2023年12月3日　初版発行

著　者――アーロン千生

カバーデザイン・DTP――株式会社エヌ・オフィス
イラスト――limop
アイコンデザイン――INOBAMS 土居志穂里

発行者――今井博揮
発行所――株式会社太玄社
TEL 03-6427-9268　FAX 03-6450-5978
E-mail info@taigensha.com　HP:https://www.taigensha.com
発売所――株式会社ナチュラルスピリット
〒101-0051 東京都千代田区神田神保町 3-2 高橋ビル 2階
TEL 03-6450-5938　FAX 03-6450-5978
印刷所――モリモト印刷株式会社

ISBN978-4-906724-90-1 C0011